Orar 15 dias com
SÃO GERALDO MAJELA

JEAN-MARIE SÉGALEN, C.Ss.R.

Orar 15 dias com
SÃO GERALDO MAJELA

O Santo padroeiro das futuras mamães

Tradução de Afonso Paschotte e Paulo de Oliveira

EDITORA SANTUÁRIO
Aparecida-SP

COORDENAÇÃO EDITORIAL: Elizabeth dos Santos Reis
COPIDESQUE E REVISÃO: Ana Lúcia de Castro Leite
CAPA E DIAGRAMAÇÃO: Alex Luis Siqueira Santos

Título original: *Prier 15 jours avec Gérard Majella*
Le Saint patron des futures mamans
© Nouvelle Cité, 37, avenue de la Marne
92120 MONTROUGE, França, 2004
ISBN 2-85313-466-0 / ISSN 1150-3521

**Dados Internacionais de Catalogação na Publicação (CIP)
(Câmara Brasileira do Livro, SP, Brasil)**

Ségalen, Jean-Marie
 Orar 15 dias com São Geraldo Majela: o santo padroeiro das futuras mamães / Jean-Marie Ségalen; tradução de Afonso Paschotte e Paulo de Oliveira. – Aparecida, SP: Editora Santuário, 2005. (Coleção orar 15 dias, 11)

 Título original: Prier 15 jours avec Gérard Majella:
 le saint patron des futures mamans.
 Bibliografia.
 ISBN 85-7200-994-9

 1. Orações 2. Geraldo, Santo, 1726-1755 3. Vida espiritual I. Título. II. Série.

05-2797 CDD-282.092

Índice para catálogo sistemático:
1. Santos: Igreja Católica: Biografia e obra
282.092

Todos os direitos em língua portuguesa
reservados à **EDITORA SANTUÁRIO** - 2005

Composição em sistema CTcP, impressão e acabamento:
EDITORA SANTUÁRIO - Rua Padre Claro Monteiro, 342
Fone: (0xx12) 3104-2000 — 12570-000 — Aparecida-SP.

Ano: 2009 2008 2007 2006 2005
Edição: **9** 8 7 6 5 4 3 2 1

Em memória de todos os Irmãos Redentoristas que há 250 anos vêm seguindo o Cristo Redentor, nas pegadas de São Geraldo.

Em agradecimento a todos os redentoristas, cujos trabalhos, sugestões e críticas permitiram a publicação desta modesta obra, de modo especial aos padres S. Baillargeon, J. Beco, L. Callewaert, D. Capone, F. Chiovaro, G. Darlix, A. Garnier, G. Humbert e S. Majorano.

Em homenagem especial ao Pe. Afonso Paschotte, C.Ss.R., falecido nas imediações de São Paulo no dia 16 de dezembro de 2004, em decorrência de um trágico acidente na estrada, quando voltava de um retiro espiritual. Pe. Afonso, fiel colaborador da Editora Santuário, estava traduzindo esta obra, tendo deixado no computador os arquivos com a parte do trabalho feito, tudo em perfeita ordem. Que São Geraldo e o Santíssimo Redentor o acolham na glória eterna!

SIGLAS

S *Spiritualité rédemptoriste,* vol. 6. Escritos e Espiritualidade de Geraldo Majela. Ed. Apôtre du Foyer, 2002.

B Samuel Baillargeon, C.Ss.R., *Prières et neuvaine à Saint Gerard Majella,* Éd. Sainte – Anne de Beaupré, Canadá, 2000.

D Jean-Baptiste Dunoyer, C.Ss.R., *Vie de Saint Gerard, rédemptoriste,* Ed. Apôtre du Foyer – Ed.Saint-Paul, 1925.

F Nicolas Ferrante, C.Ss.R., *Une merveille de sainteté, Saint Gerard Majella,* apostolat des éditions, trad. L. X. Aubin, 1963.

R Théodule Rey-Mermet, C.Ss.R., *Saint Gérard Majella,* Éd. Médiaspaul – Éd. Paulines, 1991.

Nota: Todas as citações em itálico neste livro correspondem aos escritos ou às palavras de Geraldo Majela.

INTRODUÇÃO

O mundo inteiro conhece e reza a São Geraldo, de modo especial inúmeras mamães cristãs. Esse famoso santo é um irmão redentorista. Um religioso leigo, não um padre. Em Materdomini (Sul da Itália), onde viveu o final de sua vida, está o santuário internacional em sua honra. Cada ano cerca de um milhão de peregrinos vêm rezar sobre sua sepultura. O povo cristão reconhece-o como padroeiro das mamães e das criancinhas. Assim, surgiram por todo o mundo muitos santuários, seminários e comunidades que trazem seu nome: na Europa (Alemanha, Bélgica, Holanda, Itália, França), na América do Norte (Canadá, Estados Unidos), na América Central (Costa Rica), na América do Sul (Argentina, Brasil), na África (Benin, Burkina Faso, Uganda, Zaire), na Ásia (Filipinas), na Oceania (Nova Zelândia).

Esses centros de devoção a São Geraldo são assistidos, em sua maioria, pela Congregação dos Redentoristas, fundada por Santo Afonso de Ligório (1696-1787). De início, ele pensava em reunir somente padres "vivendo em comunidade e dedicando-se principalmente ao anúncio do Evangelho aos pobres". Entretanto, por ser seu primeiro desejo o trabalho missionário, e sua obsessão a salvação de todos os homens, de modo especial "os mais destituídos de socorro espiritual", ele convoca todos os de boa vontade. Para isso ele recruta padres diocesanos para o tempo de uma missão. Alguns tornam-se depois redentoristas. Leigos também se apresentam para ajudá-lo, como Vito Curzio, em 18 de novembro de 1732: ele será o primeiro irmão redentorista. Geraldo Majela, admitido alguns anos mais tarde, será o mais célebre e, aos olhos de Afonso e de seus confrades, um modelo de Irmão redentorista pela qualidade de seu testemunho no decorrer de missões e de seu acolhimento aos pobres na porta do convento.

Um realizador de milagres...

Sua vida é curta: vinte e nove anos, dos quais seis como religioso! No entanto um tempo de fazer explodir, na noite do Século das Luzes, uma fascinante quantidade de milagres em favor dos pequenos e humildes. São bem poucos os santos aos quais se atribuíram tantos milagres! Porque São Geraldo, "louco como seu

Deus", é, sobretudo, um santo popular, venerado principalmente pelas mamães prestes a dar à luz. O relato de seus milagres constitui, com certeza, uma espécie de *Lenda áurea*. Entre sua morte, em 1755, e a abertura de seu processo de canonização, em 1843 (quatro anos depois da canonização de Santo Afonso), os primeiros testemunhos em relação a seus feitos e gestos conheceram acréscimos e amplificações de tipo lendário (cf. F. CHIOVARO, *Actes du congrès de Materdomini em 1993*, "San Gerardo tra spiritualità e storia", p. 107-144).

A principal fonte de relatos é composta de duas biografias escritas, a pedido de Afonso, pelo padre Caione, doutor em direito e historiador. Ele teve o cuidado de entrar em contato com as duas irmãs do santo, com redentoristas que viveram com ele, como também com leigos e religiosas que foram testemunhas de sua santidade e de seus milagres. Ora, na mentalidade popular, a santidade vem sempre acompanhada do maravilhoso. E o maravilhoso não tem por finalidade provar a santidade do herói cristão: isto não tem dúvida. Ela lembra a relação privilegiada que o santo tinha com seu Deus durante sua vida e depois de sua morte. Portanto, seu poder de intercessão. Eis por que no mundo cristão o povo venera Geraldo e lhe suplica. Em razão dos milagres que Deus fez, respondendo às preces das mães, na Itália, ele se tornou o santo favorito das futuras mamães, que o adotaram como seu patrono. No processo de sua beatificação, uma testemunha afirma que ele era conhecido como "o Santo dos bons partos". Milhares de mamães experimentaram seu poder. Em muitos hospitais o serviço da maternidade é dedicado a São Geraldo. Distribuem-se aí medalhas e livros de oração em sua honra. Milhares de crianças recebem seu nome, ao nascer. Seus familiares estão convencidos de que é por sua intercessão que puderam ter seus filhos saudáveis.

... E um místico saído do povo

Geraldo Majela é um verdadeiro e grande místico. Não um místico sábio pelas declarações requintadas, mas um místico popular. E assim o é porque pertence ao mundo dos pobres. Ele simplesmente fala a linguagem do povo. Ele age com determinação. Não procura praticar esta ou aquela virtude, mas encontrar o Cristo, a Ele se unir, e deixar-se transformar por Ele. Em poucas palavras, amante do Cristo, ele quer estar em comunhão com sua morte e ressurreição para com Ele salvar os pecadores de todos os tempos.

Enfim, Geraldo é um santo para hoje: a Igreja pode ver nele um santo das Bem-aventuranças. Não viveu ele a bem-aventurança dos pobres através de lágrimas e lutas pela justiça? A bem-aventurança dos mansos, dos misericordiosos e pacíficos através das reconciliações espetaculares das quais foi o autor? A bem-aventurança dos corações puros e dos perseguidos por causa de Jesus através das calúnias de que foi vítima? Também, invocado com fé, Geraldo não deixa de interceder por nós, junto de Deus e de Nossa Senhora, para que nos ajude a viver melhor hoje as Bem-aventuranças do Evangelho.

Rezemos ao Senhor, pedindo a intercessão de São Geraldo

São Geraldo, peça à Virgem Maria que me conceda a graça de provar os sentimentos de pureza e de amor que ela conheceu no dia da Anunciação e que coroou na noite do Natal. Ela que foi a mais bela, a mais feliz e a mais provada das mães, convida-a a inclinar-se sobre o berço que eu preparo.

Senhor, envia teu Espírito Santo! Que Ele ilumine nossas mães, faça-as compreender a santidade de seu dever e a responsabilidade que têm, de forma que se renove a face da terra. Santos do Paraíso, que devem sua santidade, depois da graça de Deus, a uma piedosa mãe, intercedei por nós em favor de nossas mães. Amém.

Oração a São Geraldo,
"Padroeiro das futuras mamães",
de André Boitzy, C.Ss.R., em sua obra
L'Ange des mamans et des berceaux.
Saint-Maurice, Suissa,
Ed. Oeuvre de Saint-Augustin,
1957, p. 106-115.

CRONOLOGIA

1726

Nasce no mês de abril, em Muro Lucano, sul da Itália. Há dúvidas em relação à data precisa. A maioria dos autores fixam-na em 6 de abril, mas uma ata do batismo indica dia 23 de abril. Seu sobrenome era Majella, assim o pronunciam os moradores de Muro, mas seu verdadeiro sobrenome era Machiella (diminutivo de macchia, que significa pequena mancha, defeito). Assim atestam registros de batismo da região de Picerno onde residiam seu pais e ancestrais dos mesmos, no século precedente. Dando-lhe o nome de Geraldo, seus pais quiseram colocá-lo sob a proteção de São Geraldo, bispo de Potenza, venerado em toda a região da Basilicata. De resto, a etimologia da palavra "Geraldo" (*Gerardo*, em italiano), *gero ardorem,* ou seja, "trago em meu seio o ardor do fogo", iria concretizar-se muito bem em sua curta vida.

1736

Primeira Comunhão em particular de Geraldo.

1738

Depois da morte do pai ele aprende o ofício de alfaiate.

1740

Recebe o sacramento da Confirmação (5 de junho), na igreja do Carmo, das mãos de D. Cláudio Albini, Bispo de Lacedônia, que substitui o bispo local, ausente.

1742

Coloca-se a serviço de D. Cláudio Albini, Bispo de Lacedônia, até à morte do mesmo, em 30 de junho de 1744.

1744

Pede a seu tio capuchinho ingresso na Ordem dos Capuchinhos: recusado. Ele se instala, por sua própria conta, como alfaiate.

1746

Renuncia a sua profissão por causa dos impostos que derrubam sua modesta iniciativa.

1747

No início do ano engaja-se num colégio secundário de internos em San Fede, a uma dezena de quilômetros de Muro

Lucano. Em fevereiro, retorna a Muro e mais uma vez abre um ateliê de alfaiate. Depois, bate mais uma vez à porta dos capuchinhos, mas sem sucesso, por causa de sua frágil saúde. Tenta, aos 21 anos, fazer-se eremita, com um companheiro, que o abandona, num espaço de vinte e quatro horas. Consultando seu confessor, na semana seguinte, ele o proíbe de continuar essa experiência.

1748

Em agosto, entra em contato, pela primeira vez, com um redentorista, o irmão Onofre. Entusiasmado com o que ouve desse novo Instituto missionário, decide pedir ingresso nessa congregação.

1749

Dia 13 de abril, abertura de uma grande missão, pregada pelos redentoristas em Muro. Ele pede insistentemente ao Superior da missão, padre Cafaro, para ingressar nesse Instituto, como irmão: é recusado por sua saúde aparentemente muito frágil. No final da missão, o padre Cafaro, pede que a mãe o tranque à chave em seu quarto, na hora da partida dos missionários. Ele, porém, escapa pela janela e caminha durante 19 km para encontrar os redentoristas e pedir de novo para ser admitido em seu Instituto. O padre Cafaro continua a recusar, mas Geraldo coloca-se a serviço deles. E o padre Cafaro envia-o, então, à comunidade de Illiceto (hoje Deliceto), com estas palavras: "Eu envio-lhes outro Irmão. Mas ele será bastante inútil..." No final do mês de maio ele é aceito, para um tempo de experiência, entre os redentoristas, na casa de Nossa Senhora da Consolação em Illiceto. Aí permanecerá até abril de 1754. No Natal, recebe o hábito redentorista e inicia seu primeiro noviciado, que dura até maio de 1750.

1752

Em janeiro recebe excepcionalmente a autorização para iniciar seu segundo noviciado (normalmente se deveria esperar vários anos).

Em 10 de abril, sua mãe morre. Durante a Quaresma conhece a irmã Maria Celeste Crostarosa, Fundadora da Ordem do Santíssimo Redentor e

Superiora do Mosteiro de Foggia. Faz amizade com ela e com as Irmãs da Comunidade.

No dia 16 de julho faz sua profissão religiosa, três anos depois de ingressar na Congregação, três anos antes de morrer, ou melhor, de entrar no Paraíso.

1754

Na metade do mês de junho, vai a Materdomini, onde morará até sua morte, exceto por um breve tempo vivido em Nápoles.

No mês de maio sofre uma grave calúnia, levantada por Nerea Caggiano. Convocado por Santo Afonso, Superior geral, dirige-se a Pagani, encontrando-o pela primeira vez. Tendo boas informações sobre o Irmão, não estava convencido da veracidade das acusações e nega-se a excluí-lo de sua Congregação.

Em julho, Nerea cai enferma e se retrata, e a inocência de Geraldo é reconhecida. Afonso encontra-se com ele uma vez mais e o envia a Nápoles para descansar. Enfim, no dia primeiro de novembro de 1754 ele retorna ao Santuário de Materdomini.

1755

Ao amanhecer do dia 16 de outubro Geraldo morre em seu quarto, em Materdomini.

1893

No dia 29 de janeiro é beatificado.

1904

No dia 11 de dezembro o Papa Pio X o canoniza. Na véspera, dia 10 de dezembro, François Veuillot, assim escrevia no jornal parisiense:

"No auge de um século orgulhoso de seus progressos, de sua força e de suas luzes, aprouve a Deus glorificar os humildes... Geraldo Majela morreu no dia 16 de outubro de 1755: não tinha ainda seus trinta anos; passara apenas cinco anos e meio entre os religiosos de Santo Afonso; ocupara nos conventos os ofícios mais obscuros: esmoler, jardineiro, cozinheiro, sacristão... O que ele fez, pois, num tempo tão curto e numa posição tão escondida, de tão notável e grande? Ele fez simplesmente a vontade de Deus".

Primeiro dia

"A CRIANÇA QUE ME DAVA PÃO..."

"Agora eu sei que aquela criança que me dava o pão era Jesus em pessoa. E eu pensava que era uma criança como as outras!" (F 25-26).

Geraldo confidenciou isso a sua irmã, no fim de sua vida, ou seja, cerca de vinte anos depois desse acontecimento que marcou sua infância.

Isso aconteceu em Muro, pequena cidade de Lucano, sul da Itália, onde nascera, em abril de 1726. Sua família era pobre. Seu pai, Domingos Majella, alfaiate, era considerado como estrangeiro em seu próprio país, porque viera do cantão de Baragiano, pouco antes de se casar. Sua mãe, Benedita Majella, tinha perdido seu primeiro filho, chamado Geraldo, bem pouco tempo antes de seu nascimento. Teve três filhas e seu último filho, o segundo Geraldo, de que nos ocupamos no momento.

Seus familiares eram pobres, mas cristãos fervorosos. Quando bem pequeno, sua mãe o levava para a igreja, ensinava-lhe cânticos, mostrava-lhe as imagens, explicava-lhe as pinturas, falava-lhe de Jesus, de seu nascimento em Belém, de sua vida em Nazaré, de suas viagens através da Palestina, de sua morte na cruz e de sua ressurreição na manhã da Páscoa. Falava-lhe também da mãe de Jesus, a Virgem Maria, nossa mãe do céu.

Assim Geraldo conheceu Jesus desde sua mais tenra infância. Conhecido e amado, conforme o costume do povo. Fazia o Sinal-da-cruz, recitava com fervor o Pai-nosso e a Ave-Maria. Tudo de maneira bem simples.

Certo dia do ano de 1733, com sete anos, no café da manhã, quando o pão veio a faltar, Geraldo foi até um lugar situado fora da cidade, chamado "sob a Raia" (cf. S 39). De repente uma criança se lhe apresenta com um largo sorriso, Eles se conhecem, brincam juntos e, antes de se deixarem, a criança lhe entrega na mão um pão branco. Geraldo olha avidamente para esse pequeno pão branco. Contudo, no momento de devorá-los com boas dentadas, ele reflete: e mamãe? ... e papai?... e minhas irmãs?... E em alguns passos ele está em casa, com o pão quente e parecendo tão gostoso. "Quem lhe deu este pão?", pergunta-lhe a mãe. E Geraldo responde:

"Uma criança!" (F 25).

Geraldo não sabe ainda que é Jesus. E a cena vai se repetir nos dias seguintes.

Vinte anos mais tarde, já irmão redentorista, confidenciará a sua irmã Brígida, que vem visitar-lhe:

"Agora eu sei que aquela criança que me dava o pão era Jesus em pessoa. E eu pensava que era uma criança como as outras!"

E Brígida, por sua vez, diz: "Vamos a Muro e assim você poderá rever o lugar e reencontrar o Menino Jesus".

"Não é preciso, diz Geraldo, agora eu o encontro em toda parte!" (F 25-26).

Assim, no Século das Luzes, o século dos Filósofos e da Razão, Deus quis se servir de uma criança de Muro Lucano para nos fazer ser razoáveis. Geraldo não se embaraça com fórmulas abstratas: ele vai até Jesus como uma criança. E brinca com Ele com todo o seu coração.

Quando vemos Geraldo criança, imaginamos que Jesus colocou esta criança no coração do novo milênio como ele o tinha colocado no coração do século XVIII e que nos diz, como disse a seus apóstolos: "Em verdade eu vos digo: se não vos tornardes como crianças, não entrareis no Reino dos céus" (Mt 18,2).

De resto, Geraldo criança já compreendeu que o Pai-nosso era uma oração no plural, uma prece comunitária: "Pai nosso, que estais nos céus... O pão nosso de cada dia nos dai hoje...".

Dai-nos o pão, o bom pão, o pão para repartir com os que têm fome. Como Jesus, que tendo piedade da multidão faminta, multiplicou o pão para lhe dar, assim também Geraldo criança reparte seu pão com sua família. Quando grande, multiplicará, em várias ocasiões, o pão e o alimento para os pobres que encontrará em seu caminho. Ou, mais tarde ainda, com os que virão bater à porta de seu convento, quando irmão redentorista.

E nós?

Qual é nossa atitude diante de Deus: como uma pessoa que está sempre pronta a chorar e a reclamar, ou a de uma criança que tem fome e que está cheia de confiança, que acolhe os dons de Deus e os reparte?

Mais, nossa oração, tem ela uma dimensão comunitária, aberta aos outros? Rezamos pelo mundo que nos cerca, o mundo de hoje, este mundo que tem fome do pão das padarias, mas também do Pão da Palavra de Deus, do Pão do Corpo de Cristo?

Enfim, será que a partilha acompanha nossa oração pelos outros? Essa é a regra de ouro de toda a vida em Igreja. Pensamos nisso?

Rezemos com a Igreja

Deus, que quisestes atrair para vós, desde seus primeiros anos, São Geraldo, e torná-lo conforme à imagem de seu Filho crucificado, nós vos pedimos: concedei-nos seguir seu exemplo, para que nos transformemos na mesma imagem.

Pelo mesmo Jesus Cristo, nosso Senhor, que reina convosco e o Espírito Santo, agora e por todos os séculos. Amém.

Oração da Comunidade
Festa de São Geraldo

Segundo dia

"VAMOS FAZER UMA VISITA A JESUS..."

"Vamos fazer uma visita a Jesus, prisioneiro no Sacrário!" (F 32).

Geraldo tinha passado dos sete anos quando faz esse convite aos meninos de sua idade. E é aceito, pois é uma criança excepcional. Na escola, aprende rápido: ler, escrever, calcular, tudo lhe interessa. Seu professor, Dinato Spicci, chama-o de "suas delícias". É a razão por que lhe confia os alunos atrasados para ajudá-los a alcançar o nível da classe. Em resumo, Geraldo tem influência sobre seus coleguinhas: ele os incentiva a trabalhar como também a brincar. Mas, quando toca o sino da igreja convidando os fiéis para a adoração do Santíssimo Sacramento, é uma satisfação para ele dizer:

> *"Vamos fazer uma visita a Jesus, prisioneiro no Sacrário!"* (F 32).

E a turma barulhenta de amiguinhos sai precipitada pelas ruelas em direção à igreja. Como se fossem para uma festa (cf. F 32).

O sacrário atrai o jovem Geraldo já há alguns anos, porque ele tem fome do pão eucarístico.

Nessa época as crianças deviam esperar até a idade de 10 a 11 anos para ter o direito de comungar. Geraldo não espera. Em um dia de festa, quando estava com sete a oito anos, mistura-se entre as pessoas que se aproximam da sagrada mesa. Surpreso, o padre desvia-se dele sem muita delicadeza. Geraldo cai em lágrimas, soluçando, mas na noite seguinte, enquanto dormia, o arcanjo São Miguel, seu santo preferido, lhe traz a comunhão:

> *"Você não sabe"*, conta Geraldo logo de manhã a Catarina Zaccardo (sua vizinha), *"ah... bem, ontem o padre não quis me dar o pequenino Jesus, mas esta noite o arcanjo São Miguel me deu"* (F 27).

Uns vinte anos mais tarde, Geraldo vai confirmar o acontecido a seu diretor espiritual (cf. S 13).

Aos dez anos, faz, oficialmente, sua Primeira Comunhão. A Eucaristia torna-se então o centro de sua vida e ele comunga com freqüência. Depois, quando se tornar irmão redentorista, vai desenvolver o hábito de prolongar sua ação de graças até o meio-dia e, depois do meio-dia até o fim da tarde, vai preparar-se para a comunhão do dia seguinte. De dia e de noite, vai passar horas na igreja diante do sacrário. Vai então com muito gosto repetir várias vezes a oração composta por Afonso de Ligório, seu Superior geral e fundador da Congregação dos Missionários Redentoristas:

"Senhor, meu Jesus Cristo, que, por amor dos homens, ficais dia e noite nesse sacramento, todo cheio de misericórdia e amor, esperando, chamando e acolhendo todos os que vêm visitar-vos, eu creio que estais presente no sacramento do altar. Adoro-vos do abismo de meu nada e graças vos dou por todos os vossos benefícios, especialmente por vos terdes dado a mim neste sacramento, por me haverdes concedido por advogada Maria, vossa Mãe santíssima e, finalmente, por me haverdes chamado a visitar-vos nesta igreja" (Santo Afonso Maria de Ligório, *Visitas ao Santíssimo Sacramento*, tradução de Pe. Francisco Braz Alves, C.Ss.R.; Editora Santuário, 1994, p. 12).

E vai cantar com alegria o cântico de Santo Afonso:

*"Felizes sois, flores, que noite e dia
pertinho sempre estais de meu amado...
Felizes sois, velas, que vos consomem
em honra do mesmo Senhor nosso..."*

Essa fé no Cristo eucarístico não diminuiu. Ao longo de toda a sua vida, Geraldo reza para que aumente cada vez mais.

"Senhor, fazei que seja especialmente viva minha fé no Santíssimo Sacramento do altar" (S 166).

A Eucaristia é a fonte de sua generosidade para com o Senhor, de sua loucura de amor. Via-se, às vezes, Geraldo rindo enquanto rezava diante do Santo Sacramento. Obrigado pelo Superior a explicar a razão desse riso, respondeu que ouvira, algumas vezes, uma voz amiga que saía do Sacrário e lhe dizia: "Louquinho, louquinho!" Ao que, ele respondia:

"Vós é que sois louco, Senhor, e mais do que eu, porque por amor vos fizestes prisioneiro" (R 34).

E nós?

São Geraldo nos convida a contemplar o

Cristo na Eucaristia, meditando suas palavras sobre o Pão da Vida: "Eu sou o Pão da Vida... Se alguém come deste Pão, viverá eternamente" (Jo 6,51).

De que vida se trata? Da verdadeira vida. A vida eterna do próprio Deus, ou seja, uma vida de amor: amor do Pai, amor de Cristo, amor do Espírito Santo, amor de nós irmãos e irmãs da terra.

Com Geraldo contemplemos esse Deus que é só amor e que está presente no meio de nós, para nós. Deixemo-nos atrair pelo carinho de Deus. Aceitemos seu carinho. E respondamos a esse gesto amoroso com uma oração eucarística, isto é, uma oração que seja uma calorosa ação de graças.

Geraldo tinha composto uma oração para rezar diante do Santo Sacramento do altar. Está em seu "Regulamento de vida", texto que escreveu, depois de sua profissão religiosa, a pedido de seu confessor, o Pe. Giovenale. Nele há uma lista de mortificações, reflexões, sentimentos, aspirações, e também seu voto de "fazer sempre o mais perfeito", que regem sua vida espiritual naquele momento e depois durante toda a sua existência. Resumindo, essa oração o irmão Geraldo a compôs inspirado em duas orações de Santo Afonso, tiradas de seu livro

Visitas ao Santíssimo Sacramento (cf. livro já citado à p. 26, a oração preparatória e a oração para comunhão espiritual), livro que Geraldo teve em mãos desde seu ingresso no noviciado em Illiceto, porque Afonso tinha escrito, em princípio, para os noviços de sua Congregação a fim de que aprendessem a rezar ao Santíssimo Sacramento.

Oremos com São Geraldo

Meu Senhor, creio que estais presente no Santíssimo Sacramento e vos adoro com todo o meu coração.

Nesta visita quero vos adorar em todos os lugares da terra, onde estais presente de maneira sacramental.

Eu vos ofereço todo o vosso precioso sangue por todos os pobres pecadores, com a intenção de vos receber agora espiritualmente tantas vezes quantos são os lugares onde estais presente...

Extraído de seu *Regulamento de vida*
(S 122-123)

Terceiro dia

"PREGADO NESTA CRUZ..."

"Meus sofrimentos são muito duros: causam-me espasmos de morte. E quando acredito que vou morrer, vejo-me de novo vivo e ainda mais aflito e desolado...

Bendito, seja sempre, Aquele que me concede tantas graças e que, em vez de me fazer morrer sob seus santos golpes, me dá mais vitórias na vida e então me dá mais sofrimentos, a fim de que eu seja imitador de meu divino Redentor. Ele é meu Mestre e eu, seu discípulo. É justo que eu deva aprender a seguir seus passos divinos.

Mas agora não me movo nem caminho, porque estou com ele (Cristo) no alto da cruz, triste e no meio de indizíveis tormentos. A lança que me faria morrer se perdeu. É meu calvário. Aceito, para ganhar a vida pelo sofrimento.

Parece que todos me abandonaram. E então para não ficar nesse estado, digo a mim mesmo: é a vontade de meu Redentor celeste que eu seja crucificado nesta terrível cruz! Inclino a cabeça e digo: é a vontade de meu querido Deus! Aceito. E estou feliz por fazer tudo o que Ele me manda e dispõe" (S 97).

"*Crucificado nesta cruz... estou com Ele... e estou feliz...*" Geraldo escreveu esse texto sobre o sofrimento, sobre a cruz, sobre a alegria, um ano antes de morrer, em agosto/setembro de 1754. Já como religioso redentorista. Mas essa vontade de se unir aos sofrimentos de Cristo foi a marca de toda a sua vida. De fato, desde a mais jovem idade ele é atraído pela Eucaristia, que para ele era o grande sacramento. Um sacramento que lhe falava de Jesus, de seu amor por nós, de seu amor crucificado, de seu amor glorificado. Em resumo, a cruz, o sinal-da-cruz caracterizaram sua vida mística. É certo que essa mística tem suas raízes em uma devoção popular. Mas em Geraldo toma proporções fora do comum. É que na juventude, leu e meditou "*O Ano doloroso, ou meditações para todos os dias sobre a Vida dolorosa de Jesus Cristo Nosso Senhor*", de Antônio da Olivadi, missionário capuchinho, morto em 1720. Publicado em Nápoles em 1690, esse livro, escrito em estilo inflamado como os escritos dessa época, teve grande sucesso: estava na quinta edição quando Geraldo aprende a ler. É provável que o tenha recebido de presente de seu tio materno, Frei Boaventura de Muro, também capuchinho e, na época, guardião do convento de Muro Lucano. Geraldo leu e meditou, por exemplo, na data de 19 de julho, esta passagem:

> *"Considera a que se submete o Senhor diante dos tribunais: ser desprezado, ofendido, ridicularizado, tido por nada, desonrado e considerado louco. É o que deves também procurar: abjeção, desprezo, aniquilamento, humilhação"* (R 35).

Abatido e inflamado de amor para com Cristo em sua paixão, o jovem Geraldo deseja então imitar ou mais exatamente unir-se a seus sofrimentos para continuar com Ele sua missão de salvação do mundo. Começa bem cedo. Tem doze anos quando o pai morre e quando a mãe lhe pede para aprender o ofício de alfaiate a fim de dar continuidade ao trabalho do pai. Ele obedece. É vítima das brutalidades constantes de seu contramestre durante todo o tempo de aprendiz.

Aos dezesseis anos, aceita trabalhar para o Bispo de Lacedônia, mal-afamado pelo temperamento ruim, o que desencorajava a todos quantos trabalhavam para ele. Geraldo foi fiel prestando-lhe serviços até o falecimento do prelado, ou seja, durante três anos.

Em resumo, em Muro e em Lacedônia transcorrem os anos escuros da vida de Geraldo: anos de trabalho, de silêncio, em que ele carrega sua cruz em união com o Cristo crucificado. Por isso ele vai se flagelar, jejuar, vai procurar passar-se por louco e durante a semana santa de 1749 vai conseguir o papel de Cristo na cruz, em uma apresentação teatral na catedral de Muro.

O padre Tannoia, contemporâneo e amigo de Afonso de Ligório e de Geraldo, conta: "Por ocasião da representação, em Muro, da tragédia da Paixão e Morte de Jesus, Geraldo foi escolhido para fazer o papel principal. Ao abrirem a catedral, apareceu Geraldo estendido numa cruz, agonizante e morto. Mesmo sendo apenas uma encenação, esse espetáculo impressionou profundamente o povo. A mãe de Geraldo também estava presente. Vendo-o transpassado pela lança e não entendendo bem o que estava acontecendo, desmaiou e foi difícil reanimar-se..." (S 155).

Mais tarde ele vai dizer com gosto:

"Sofrer, não sendo por amor a Deus, é um castigo sem fim. Ao passo que sofrer por amor a Deus não é sofrimento".

Ele conheceu então outra maneira de unir-se aos sofrimentos de Cristo: mais íntima e mais secreta que o teatro da Paixão do qual era entusiasta quando ainda jovem leigo, mas não menos dolorosa. Nesse meio tempo ele conheceu a obra de Afonso de Ligório: *"Jesus, Amor dos homens"* ou *"Reflexões e afetos sobre a Paixão de Jesus Cristo"*, publicada em 1751 e reeditada várias vezes depois dessa data. Percebe-se um reflexo dessa leitura na carta que escreveu entre agosto e setembro de 1754 e que citamos na abertura deste dia. Geraldo está convencido que o mistério da cruz é um mistério central na vida cristã, mas não o separa do mistério pascal: porque ele aceita ser um "grão" que morre para tornar-se "espiga" (cf. Jo 12,24). É sua maneira, depois de ter-se tornado irmão redentorista, de continuar a missão de Cristo no mundo onde vive. Como proclama a primeira leitura da missa de sua festa, ele pode dizer com Paulo: "Assim conheço o Cristo, a força de sua ressurreição e comunhão com seus sofrimentos, tornando-me semelhante em sua morte, na esperança de ressuscitar, com Ele, dentre os mortos" (Fl 3,10-12).

De fato, Geraldo acolheu, de todo o coração, esse apelo que o Senhor lhe fez: "se alguém quer vir após mim, renuncie a si mesmo, tome sua cruz de cada dia e me siga" (Lc 9,23).

É a razão pela qual não pára de contemplar a Paixão de Jesus e com Ele compartilhar, com amor, os sofrimentos.

Passando por Nápoles, em 1754, faz amizade com o pintor Di Maio, cujos quadros de inspiração cristã, admira. Visita também o ateliê de um artista que esculpia uma Madona encomendada pelo Pe. De Robertis. Em 8 de abril de 1755 escreve ao padre:

> *"Informo-lhe que a estátua da Virgem está quase pronta. Faltam-lhe apenas a auréola e a pintura. Está muito bonita de verdade..."* (S 107).

É a ocasião para Geraldo iniciar-se como artista e ele próprio fazer algumas esculturas do Crucificado. Um exemplo é o "Ecce Homo", modelado e pintado por ele e que se pode ver hoje no Santuário de N. Sra. da Consolação em Deliceto (antigamente chamada de Illiceto). Seus "Cristos" são particularmente emocionantes: apesar das marcas sangrentas da Paixão, apresentam, em seu semblante relativamente sereno, como que um reflexo da paz da Páscoa.

E nós?

Passamos algum tempo olhando para o Cristo na cruz? Deixamo-nos, por uns longos momentos, ser contemplados por Ele? E de responder a esse olhar amoroso com preces de agradecimento e de renovada dedicação a seu serviço?

Temos escutado Jesus que nos chama para carregar nossa cruz diária? De carregá-la não apenas sozinho mas em união com o Cristo que sofre com a cruz e com a morte para entrar e nos fazer entrar em sua vida como ressuscitado?

Sentimos que esse chamado se destina a todos sem exceção (cf. Lc 9,23)?

Oremos com a Igreja

Gerado reza,
já amadurecido pela idade e pela graça.
Sua alma eleva-se até Jesus
coberto de sangue, pendente da cruz.

Que eu tenha parte, ó Jesus,
nas dores de tuas feridas.
Que eu te siga como fiel companheiro
em tudo quanto suportas primeiro.

Movido por estas palavras,
ele abraça a cruz
e passo a passo avança,
seguindo o caminho de Cristo
até o alto do Gólgota.

Está feliz em sentir fome,
alegra-se nas privações.

Se o desprezam, se alegra;
diante da calúnia, se cala.

Com jejum e trabalho
mortifica seu corpo.
Desolado com os sofrimentos,
se oferece como vítima agradável.

Coroado de espinhos,
pregado na cruz,
carrega em seu corpo
a imagem viva do Crucificado.

Glória ao Pai,
glória ao Filho,
glória ao Espírito Santo,
agora e para sempre. Amém.

> Liturgia das Horas de São Geraldo,
> *Hino das matinas*

Quarto dia

"VOU... PARA SER SANTO..."

"Irmão Geraldo, decida-se a doar-se totalmente a Deus!

De agora em diante, seja mais sensato e não pense que ficará santo somente por estar em contínua oração e contemplação.

A melhor oração é ser como Deus quer que sejamos; inclinar-nos diante de sua vontade, ou seja, trabalhar unicamente por amor a Deus. É isto que Deus quer de você.

Não se deixe dominar por seus gostos e os do mundo. Basta ter Deus presente e nele estar em tudo que você faz.

Na verdade, tudo que é feito unicamente por amor a Deus é oração" (S 118).

Esse texto faz parte do que se chama o "Regulamento de vida" de Geraldo. De fato, desde sua mais tenra infância, Geraldo ama o Senhor "até à loucura": como criança, brinca com Ele, reza e o segue no caminho da cruz e das bem-aventuranças. A partir dos dez anos alimenta-se da Eucaristia. Está sempre a serviço do Senhor em seu trabalho diário com generosidade como Marta e o contempla com fervor como Maria (cf. Lc 10,38-42).

Agora é adulto: está convencido de que o Senhor o chama para um serviço mais amplo. É a razão por que quer consagrar-se totalmente a Ele. Mas para onde ir? De início, bate às portas dos capuchinhos, cujo convento se ergue no alto da cidade de Muro Lucano. O Superior da casa é um de seus tios, que rejeita seu pedido: "Você não tem saúde suficiente para participar de nossa vida", diz-lhe enquanto, para amenizar o choque da recusa, dá-lhe de presente um elegante casaco para suas viagens. Mas no caminho, perto da igreja, Geraldo encontra um pobre que lhe estende a mão e então lhe dá o casaco. Pouco tempo depois, quando o tio lhe perguntar sobre o casaco, vai responder simplesmente:

"Meu caro tio, que o senhor quer? Encontrei um pobre que tinha mais necessidade que eu" (F 41).

Em seguida, com vinte e um anos, tenta fazer-se ermitão com a ajuda de um colega. Mas, ao final de vinte e quatro horas, o colega desiste. O próprio Geraldo, quatro dias mais tarde, retorna à cidade para comungar: ele tinha fome de

Deus. Na ocasião seu Diretor espiritual o proíbe de levar esse estado de vida. Ele não será nem capuchinho nem eremita, mas permanece querendo consagrar-se totalmente ao Senhor como resposta franca a seu chamado.

Bom! No mês de agosto de 1748 dois religiosos chegam a Muro para fazer uma coleta para a construção da casa de Caposele, cuja comunidade é encarregada do serviço do Santuário de Materdomini (a Mãe de Deus), a pedido do bispo da região. Esses religiosos pertenciam a uma congregação inteiramente nova, fundada por Afonso de Ligório há uns quinze anos. Impressionado com a pobreza e a piedade que demonstram, Geraldo inicia contato com um deles, o Ir. Onofre. Informa-se. As respostas do irmão coincidem perfeitamente com seu projeto de consagração total ao Senhor. Declara, então, sua intenção de ficar redentorista: "Nem pensar, replica-lhe o irmão, sofre-se muito em nossa congregação; nossa vida é muito dura".

"Pelo contrário, responde Geraldo, é precisamente a austeridade de vocês que me atrai" (D 63).

Depois desse encontro, Geraldo decide ser redentorista, mas precisa ainda esperar. No ano seguinte, em 1749, quinze missionários redentoristas vêm pregar as santas missões em três paróquias de Muro. Ele aproveita para renovar seu pedido ao Pe. Cafaro, o coordenador das missões. Nova recusa, pelas mesmas razões.

"Desde o primeiro contato, Pe. Cafaro percebeu que não estaria enganado em ver em Geraldo um moço de eminente virtude. Entretanto, impressionado com sua aparência franzina, observou-lhe que os trabalhos que os irmãos faziam estavam acima de suas forças, que sua saúde não iria agüentar e que, pesando tudo, o melhor era mesmo ele permanecer no mundo" (D 70).

Geraldo renova seu pedido. Sem sucesso.

A missão termina em 4 de maio de 1749. No dia seguinte, os padres partem bem cedo, sob os aplausos da multidão que os acompanha por um bom trecho do caminho. Geraldo não está no meio do povo. Também não estava mais em seu quarto, que sua mãe havia trancado para impedi-lo de se juntar aos missionários. Havia deixado sobre a mesa uma folha de papel com as palavras:

"Vou... para ser santo. Esqueçam-me!" (R 47).

Nos dias anteriores, dera todos os seus pertences aos pobres e, nessa manhã, sem levar nada consigo, saltou pela janela do segundo andar usando uma corda feita com lençóis. Depois, atravessando os campos, alcançou os missionários, gritando a todo pulmão:

"Padres, padres, esperem-me" (R 48).

Nova recusa. Geraldo insiste. E os segue até Rionero, onde começa nova missão. Põe-se a serviço deles, cozinhando, lavando e consertando roupas. Impressionado, o Pe. Cafaro, decide finalmente enviar Geraldo à casa de Illiceto com este recado ao padre que o substitui como Superior: "Envio-lhe um irmão, inútil para o trabalho, de compleição frágil; mas seus pedidos insistentes e a fama de santidade de que goza na região forçaram-me a recebê-lo" (D 73).

Em 17 de maio de 1749 Geraldo chega, finalmente, ao Convento de Nossa Senhora da Consolação de Illiceto. O Senhor o havia conduzido à Congregação do Santíssimo Redentor, fundada em 1732, aprovada pelo Papa Bento XIV menos de três meses antes. O objetivo dessa congregação nova era reunir leigos e padres para evangelizar "as almas mais abandonadas", continuando a missão de Jesus, o Jesus atual, que traz para sempre as marcas dos cravos da crucificação.

Geraldo entra com todo o coração nesse projeto. Está com vinte e três anos. No Natal vai vestir o hábito redentorista e iniciar o noviciado. Como era costume da época, o noviciado se desenvolverá em duas etapas: a primeira termina em maio de 1750 e a segunda em 16 de julho de 1752 com a profissão religiosa na festa de Nossa Senhora do Carmo que, nesse ano, coincide com a festa do Ssmo. Redentor. Três anos depois de ter ingressado na Congregação do Ssmo. Redentor como "irmão inútil", três anos antes de morrer, ou seja, três anos antes de entrar no paraíso como um "santo muito útil" para a Igreja. Ele escreveu, em seu "Regulamento de vida", o que reflete muito bem sua vida espiritual:

"Tenho a sorte maravilhosa de ficar santo, mas se a desperdiço, perco-a para sempre...

Que me falta para eu ficar santo? Tenho todas as ocasiões favoráveis para me tornar santo. Então, coragem! quero ficar santo. Oh! Como é importante que eu fique santo! Senhor, que loucura a minha!...

Irmão Geraldo, decida-se a doar-se totalmente a Deus!" (S 118).

Irmão Gerado foi fiel a sua vocação. Com perseverança.

E nós?

Escutamos como Geraldo o chamado do Senhor à santidade: "Sede perfeitos como vosso Pai do Céu é perfeito" (Mt 19,21)?

Geraldo procura sempre despertar em cada um de nós, jovem ou não tão jovem, o desejo de querer "tornar-nos santos" conforme o modo indicado por Jesus no Evangelho: "Se queres ser perfeito, vai, vende tudo quanto tens, dá aos pobres e terás um tesouro nos céus. Depois, vem e segue-me!" (Mt 19,22).

Geraldo nos alerta então que a santidade e a felicidade das bem-aventuranças passam pelo amor aos pobres, a partilha, a escuta da palavra de Jesus e o encontro diário com Ele na oração, a fim de o seguirmos em toda a parte durante toda a vida... seja nossa vocação a do casamento ou a do celibato, a vida de leigo, de sacerdote ou de religioso e ainda que seja preciso discernir bem qual é nossa vocação. Para isso é necessário refletir e rezar.

Oremos para conhecer melhor nossa vocação hoje

Esta oração, composta por Afonso de Ligório, consta de seu livro *Conselhos sobre a vocação*, publicado em 1750. Era recitada pelos noviços de Illiceto e certamente ajudou a Geraldo. Possa também ela ajudar-nos a ouvir o chamado do Senhor e a Ele responder com um "sim" generoso:

Meu Deus,
sou um pobre pecador,
que no passado muito vos desprezou.
Mas neste momento
vos amo e vos desejo mais que tudo.
Quero amar somente a vós.
Vós me quereis todo
e eu quero ser todo vosso.
"Falai, Senhor, que vosso servo escuta."
Fazei que eu saiba o que esperais de mim.
Estou decidido a fazê-lo até o fim.
Peço-vos, especialmente neste dia, que me deis a saber
em qual estado de vida vos agrada que vos sirva.

Oração para conhecer a vocação
Afonso de Ligório

Quinto dia

"UM IRMÃO INÚTIL..."

"Envio-lhe um irmão, inútil para o trabalho, de compleição frágil; mas seus pedidos insistentes e a fama de santidade de que goza na região forçaram-me a recebê-lo" (D 73).

É a primeira vez que um redentorista faz, por escrito, uma avaliação sobre Geraldo. À primeira vista, uma avaliação não muito elogiosa. Entretanto, Geraldo vai tornar-se o mais famoso redentorista em todo o mundo.

"Um irmão inútil!" havia dito o Pe. Cafaro, Superior da casa de Illiceto, ao escrever a seu substituto. Muito rapidamente, no entanto, todos percebem que o irmão Geraldo é muito útil: trabalha por quatro; na recepção acolhendo os visitantes e os pobres, no cuidado com o jardim, no refeitório, na cozinha, na despensa ou na igreja como sacristão.

No entanto ele próprio vai se qualificar assim, usando desta expressão "irmão inútil", quando fica doente e se surpreende com os cuidados com que o tratam para tentar melhorar sua saúde:

"Sou um inútil para a Congregação! Que bem lhe fiz para que se digne de me vestir e de me assistir como faz?" (F 332).

A propósito, permitam-me lembrar a parábola de Jesus sobre os servos inúteis no evangelho de Lucas: "Quem entre vós, quando o servo acabar de lavrar e de guardar o gado e retornar do campo, vai dizer-lhe: senta-te à mesa? Ao contrário, não vai logo dizendo: prepara-me o jantar, apronta-te e me serve, enquanto como e bebo. Depois é a tua vez de poder comer e beber" (17,7-8).

É bom ressaltar que Jesus não justifica esse modo de agir que era a regra da sociedade de seu tempo, mas ele usa dessa situação para revelar uma verdade sobre Deus e sobre o homem.

"Ele agradecerá ao servo por ter cumprido suas ordens? Do mesmo modo também vós, quando tiverdes feito tudo o que Deus vos tiver mandado, dizei: somos apenas servos (inúteis) e não fizemos mais do que nossa obrigação" (Lc 17,9-10).

Isso quer dizer: não se trata de Jesus estabelecer regras para o relacionamento social entre empregados e patrões do mundo antigo e de hoje, mas de nos revelar o pensamento de Deus a respeito de nosso relacionamento para com Ele. A imagem central é a de um Deus "Mestre", de um Deus "Mestre e Senhor", que é, ao mesmo tempo, um "Pai" que ama e que serve a seus próprios servidores, os quais encontra esperando quando de sua chegada. Então, "vos digo: Ele se aprontará para servir, vos convidará a sentar-vos à mesa e vos servirá um a um" (Lc 12,37).

Quer dizer que ao servo inútil, que decidiu de coração servir seu Mestre servindo a seus irmãos e irmãs da Terra, é oferecida uma felicidade pura, semelhante a um banquete que Deus preparou a seus filhos (cf. Is 15,6). Esse banquete no novo mundo expressa a comunhão profunda dos homens com Deus, que os ama e quer a todos salvar. Aliás, o próprio Jesus, "Mestre e Senhor", na Quinta-feira Santa, ao fim da tarde, vai fazer-se um mero servidor: de joelhos, lavará os pés de todos os seus apóstolos antes de celebrar a Ceia com eles.

Geraldo, cuja piedade popular se alimenta da palavra de Deus e, muito especialmente, do Evangelho, está bem consciente de que não tem nenhum direito de se prevalecer diante de Deus. Para ele fazer a vontade de Deus não é mais que sua obrigação. Santa Teresinha do Menino Jesus compreendera bem profundamente a palavra de Jesus sobre os servos inúteis ao dizer que chegaria junto de Deus "de mãos vazias". O mesmo se dá com Geraldo: durante toda a sua vida religiosa, seu ideal foi ser humildemente esse "servo inútil" do Evangelho que, fazendo a vontade do Pai, nada mais faz que sua obrigação.

E nós?

Somos trabalhadores a serviço da Igreja missionária e do mundo atual? Compreendemos, como Geraldo, que servir ao próximo e, principalmente, aos mais pobres é o tipo de serviço de que Deus gosta? E esta é a razão: "Tudo que fizerdes a um desses pequeninos, que são meus irmãos, é a Mim que o fazeis" (Mt 25,40).

Oremos ao Senhor por intercessão de São Geraldo

São Geraldo, procuraste durante toda a tua vida "ter Deus presente espiritualmente em todas as tuas atividades". E, em toda a tua vida, deste exemplo de alguém entusiasmado em fazer bem feito tudo o que tivesse de fazer: como alfaiate, jardineiro, contramestre etc.

Soubeste fazer bem feito as tarefas que eram tua obrigação, mas nunca perdeste de vista o Senhor pela intenção com te guiavas em teu trabalho.

E me fazes entender que o trabalho assim oferecido transforma-se em oração agradável ao Senhor. Fizeste apenas imitar o próprio Senhor, que passou grande parte de sua vida fazendo tudo em união com a vontade de seu Pai celeste.

Dá-me um pouco desse espírito de fé para que transforme minha vida por meu trabalho feito em união com Deus. Amém.

(B 24-25)

Sexto dia

"AQUI SE FAZ A VONTADE DE DEUS..."

"Aqui se faz a vontade de Deus, como Ele quer e enquanto Ele quiser!" (F 323).

Essa é a inscrição, em letras bem visíveis, que Geraldo, antes de morrer, afixara sobre a porta de seu quarto. O mês de agosto de 1755 terminava. Geraldo havia retornado a Materdomini depois de sua última viagem, debilitado, mas radiante de alegria. Essa inscrição era o resumo de sua vida inteira, porque a conformidade com a vontade de Deus foi o fundamento de sua espiritualidade, tendo-o marcado profundamente. Foi exatamente isso que escreveu em seu "Regulamento de vida".

"Amar muito a Deus.
Estar sempre unido a Deus.
Fazer tudo por Deus.
Amar tudo por Deus.
Conformar-me sempre com sua santa
vontade.
Sofrer muito por Deus.

*Há quem se preocupe em fazer isso
ou aquilo.
Minha única preocupação é fazer a vontade
de Deus"* (S 117–118).

E mais:

"A melhor oração é ser como Deus quer que sejamos, inclinar-nos diante de sua vontade, ou seja, trabalhar sempre unicamente por amor a Deus. É isto que Deus quer" (S 118).

Mas para fazermos essa vontade de Deus somos muito exigidos: impossível fazê-la com perfeição sem renunciar à própria vontade. E Geraldo assim conclui:

"Não vou dizer 'quero, não quero; gostaria, não gostaria...' Desejo somente, meu Deus, que se cumpram em mim teus projetos e não os meus. Para que eu faça o que Deus quer, é impossível que seja feito o que eu quero. Sim, eu nada quero a não ser Deus. E não o quero porque é Deus, quero o que Deus quer. E se quero somente Deus, é necessário que abra mão de tudo que não é de Deus" (S 122).

A vontade de Deus era claramente o centro de sua vida espiritual. Essa expressão — vontade de

Deus — se lê mais de cinqüenta vezes nos poucos escritos de Geraldo que chegaram até nós. Um dos exemplos é o que escreveu nesta carta datada de 16 de abril de 1752, dirigida à Ir. Maria de Jesus:

"Ó Deus, que outro jeito melhor haveria para salvar-nos? Que outra coisa melhor é possível encontrar que lhe seja mais agradável do que fazer sempre e em tudo sua divina vontade? E que outra coisa quer Ele de nós que não seja fazermos sempre e perfeitamente sua divina vontade, como Ele quer, onde Ele quer e quando Ele quer, e de estarmos sempre atentos ao menor sinal que nos dá?

Fiquemos, pois, indiferentes a tudo, para que possamos fazer sempre, em tudo, a vontade de Deus com a mais pura intenção conforme Ele espera de nós. É algo grandioso a vontade de Deus. Oh! tesouro escondido e inestimável. Ah! se bem te compreendo, tens o mesmo valor que meu próprio bem amado Deus. E quem pode te compreender, senão só mesmo o meu querido Deus? O que os anjos fazem no céu, nós deveríamos também querer fazer o mesmo na terra. Vontade de Deus no céu, vontade de Deus na terra. Portanto, paraíso no céu, paraíso na terra!" (S 67-68).

Essa vontade de se conformar em tudo e sempre à vontade de Deus aparece nitidamente também nesta carta de 23 de agosto de 1755 escrita a seu Superior, Pe. Caione:

"Que V. Revma. saiba que enquanto estava na igreja de São Gregório me veio um vômito de sangue. Fui, em segredo, consultar um médico e lhe contei o que me aconteceu. Ele me garantiu mais de uma vez que não era do peito mas da garganta. Constatou que eu não tinha, nem febre nem dor de cabeça. Também repetiu várias vezes e de várias maneiras que não era nada...

Ontem, ao cair a noite, assim que cheguei a Buccino, no momento em que queria me deitar, me sobreveio a tosse costumeira e vomitei sangue do mesmo modo. Mandaram chamar dois médicos... Ambos me repetiram que não era nada vindo do peito. Mas me ordenaram que partisse logo... deste clima sufocante.

Se quiser que eu vá a Caposele, vou para lá imediatamente e se quiser que continue a coleta, eu a continuarei sem problema nenhum. Quanto ao que sentia no peito, sinto-me melhor agora do que quando estava em casa. Não tenho tossido mais. Envie-me uma ordem (obediência) forte e seja lá o que for. Fico muito aborrecido de saber que causo preocupação a V. Revma. Alegria, meu caro padre, não é nada. Recomende-me a Deus para que Ele me ajude a

fazer sempre, em tudo, a vontade divina..."
(S 110-111).

Geraldo estava convencido de que nosso Pai do Céu quer nossa felicidade. Por essa razão considera que o "Sim" a essa vontade não deve ser dado com medo e temor, mas com "grande coragem e fé".

E nós?

Nós, que rezamos com muita freqüência o "Pai-nosso", acostumamo-nos a prestar atenção a este pedido: "Seja feita a vossa vontade", ou seja, que prevaleça hoje e sempre a amorosa vontade divina?

Estamos prontos a colaborar para que essa vontade amorosa de nosso Deus esteja em primeiro lugar em nossa vida e em nosso meio?

Oremos com São Geraldo

Meu Deus, bem amado, meu único amor.

Hoje e para sempre me submeto a vossa divina vontade.

Em todas as tentações e tribulações vou dizer: "Seja feita a vossa vontade!"

Vou aceitar tudo, do fundo de meu coração, e, olhando para o céu, vou adorar vossas mãos divinas, que deixam cair sobre mim as pérolas preciosas de vosso divino querer.

> Extraído de seu *Regulamento de vida*
> (S 120)

Sétimo dia

"VEJO-ME CHEIO DE PECADOS..."

"Vejo-me cheio de pecados. Peça a Deus que me perdoe. Todos se convertem e eu continuo obstinado. Estou cheio de aflições e não encontro ninguém que acredite em mim. Deus quer que assim seja comigo. Ele quer que eu morra sem consolação, abandonado por todos. Desejo assim viver e morrer para dar gosto a meu Deus" (S 62-63).

Esse trecho da carta dirigida à Ir. Maria de Jesus, carmelita de Ripacandida, data da primavera de 1752. Geraldo medita e vive profundamente as palavras de Cristo: "Sede perfeitos como vosso Pai do Céu é perfeito" (Mt 5,48). Ele se sente pecador e solidário para com os outros pecadores. A solidão em que se encontra é a Paixão que ele experimenta em comunhão com Jesus.

"Meu Deus, tende piedade de mim.
Meus dias têm sido um sobe e desce. De tal modo desci que creio não haver hoje mais solução para mim. E acho que minhas penas vão

ser eternas. Mas não me importaria que fossem eternas, basta que ame a Deus e lhe faça seu gosto em tudo. E qual é meu sofrimento? Creio que sofro sem Deus.

Minha madre, se não me ajudar, terei mais problemas. Vejo-me completamente abatido e num mar de confusões, a ponto de me desesperar. Deus não existe mais para mim, penso; e sua infinita misericórdia acabou para mim. Só me resta sua justiça."

Esta outra carta, a seguir, escrita nos primeiros meses de 1754 e também dirigida à Ir. Maria de Jesus, é um grito por socorro. O Ir. Geraldo é torturado por sentimentos muito fortes quanto a sua imperfeição em comparação com a perfeição divina. Daí Geraldo ver-se a si mesmo como pecador, indigno de comparecer à presença de Deus e até mesmo de comparecer à presença dos homens. É o que afirma no final dela:

"Veja e considere a triste situação em que me encontro. É o momento, então, de me ajudar e de pedir muito a Deus por mim, miserável como sou. Peço-lhe que tenha piedade de minha alma, porque nem coragem tenho de me apresentar diante das criaturas" (S 89).

Um de seus confrades, o Pe. Camilo Bozio, foi testemunha dessa angústia. Pouco antes de ficar gravemente doente, o Ir. Geraldo o consultou sobre o sentido dos versículos do salmo 17, em especial os de 5 a 8 que traduzimos com base na *Vulgata* latina, que foi o texto que Geraldo tinha em mãos. (*)

> Ondas mortais me envolvem,
> torrentes de maldade me derrubam,
> os sofrimentos do inferno me invadem,
> as prisões da morte me ameaçam;
> em meu desespero,
> invoquei o Senhor e gritei por socorro
> a meu Deus.
> Lá de seu templo, ele escutou minha voz:
> meu grito chegou a seus ouvidos.

(*) Versão do tradutor

Tendo sido o espírito invadido pela forte luz divina, Geraldo se vê ofuscado e experimenta a solidão e a morte. Entretanto, no íntimo de seu ser, em plena crise, "ele gritou por socorro ao Senhor" e o Espírito Santo "escutou sua voz". Então foi tomado por uma calma sensação de segurança e de abandono em Deus, a quem Geraldo reconhecia como seu Pai, Pai generoso no amor e não como seu juiz, um juiz implacável. Seguramente sua alma está provada, mas ele continua clamando por seu Pai do Céu e orando com confiança.

Como assinala muito apropriadamente o Pe. Samuel Baillargeon, Geraldo, ainda bem jovem, "havia compreendido a loucura da submissão de Jesus: o Deus que se aniquila, que se faz homem, que se submete até a obediência da cruz, que se entrega por amor, para salvar a humanidade. Havia um fio condutor de sua espiritualidade, um caminho a seguir e Geraldo o seguiu. Ele se empenhou, então, em buscar a via do desprezo e da submissão, mas na busca dessa via, nunca perdeu de vista um instante sequer que ele fazia tudo isso por amor e à imitação de Jesus Crucificado" (B 6).

Geraldo explica:

"Não deveríamos dizer: eu me humilho, porque para humilhar-nos seria preciso acreditar que seria possível rebaixar-nos. Só Jesus Cristo pôde humilhar-se, porque só ele pôde rebaixar-se: de Deus se fez homem; de Senhor e Mestre se fez servidor" (D 117).

Durante suas longas horas de meditação na igreja, Geraldo aprofundara a compreensão que tinha destas palavras de Jesus: "Aprendei de mim, que sou manso e humilde de coração" (Mt 11,29).

Essa foi a razão por que Geraldo decidiu deixar-se humilhar: começou quando jovem em Muro e continuou quando entrou para a Congregação redentorista.

A última vez em que adoeceu e passou por grandes sofrimentos foi também ocasião em que se mostrou bem submisso. Mas ele fala disso com serenidade. O que o constrange bastante é o fato de causar preocupação a seus confrades. Uma única coisa lhe interessa: fazer a vontade de Deus ou, mais exatamente, colaborar para que nele e no mundo prevaleça a vontade do amor do Pai. Isso ele fazia sempre com alegria.

E nós?

Nós, que somos de fato pecadores, invoquemos hoje a intercessão de São Geraldo, a fim de que possamos perceber melhor não só o horror de nosso pecado como também e, principalmente, a infinita misericórdia de nosso Pai do Céu.

E peçamos humildemente ao Senhor a coragem de nos converter de verdade.

Que vou fazer hoje para colocar em prática o apelo do Senhor: "Convertei-vos e crede no evangelho"?

Oremos ao Senhor por intercessão de São Geraldo

Glorioso São Geraldo, vós não podeis ver nada triste sem vos compadecer; e vosso crédito junto de Deus é tão poderoso, que obtendes tudo que pedis.

Quantas inquietações acalmadas e dores desfeitas ou santificadas pela vossa intercessão! Quantas mamães escaparam de uma morte humanamente inevitável! Tantas consciências inquietas reencontraram a paz e tantos pecadores foram salvos do abismo eterno! Quantos jovens vós guiastes na procura de sua vocação ou ajudastes em seus estudos! Quantas famílias vós salvastes do desespero!

Éreis tão bom durante vossa vida na terra; seríeis menos bondoso agora que reinais no céu?

Oh! Não, a glória não diminuiu vosso poder e vossa compaixão. Temos total confiança em vós. Concedei-nos então a graça que vos imploramos.

Da oração "Para obter uma graça"
de *O Apóstolo do Lar*

Oitavo dia

"VIVA NOSSA SANTA FÉ"

"Viva nosso Deus bem amado! Que Deus a proteja!

Que nosso querido e amantíssimo Jesus esteja sempre com você... Que a Santíssima Mãe Maria a conserve sempre no viver amando nosso querido Deus! Amém...

É preciso fé para amar a Deus. Quem não tem fé, falta-lhe Deus. Estou decidido a viver e a morrer todo absorvido na santa fé. Para mim a fé é vida e a vida é fé!

Ó meu Deus, há quem queira viver sem a santa fé? Desejaria gritar de tal modo que me ouvissem em toda a terra e repetir sem parar: viva nossa santa fé em nosso querido Deus!" (S 72-73).

Essa carta, escrita entre fevereiro e março de 1753, e dirigida à Ir. Maria de Jesus é um hino à fé cristã. Geraldo está inteiramente resolvido a viver e a morrer nessa santa fé e encoraja todos os que encontra a avançar nesse caminho. Como disse muito bem D. Capone:

"Sua espiritualidade é a 'história de uma alma' em diálogo com Deus no caminho do seguimento do Cristo Redentor" (S 125).

Nesse momento, Geraldo caminha sustentado unicamente pela fé, pois não "sente" mais a presença de Cristo próximo de si, em sua Paixão e Ressurreição, mas crê que Ele está ali, com ele, na cruz, durante a longa provação espiritual pela qual passa. Geraldo crê, apesar da provação que mais e mais o aniquila. E encoraja os outros a crer:

> *"Somente Deus merece ser amado! E como poderia eu viver se Deus me faz falta?*
> *Ah! Deveria eu parar de escrever e viver envolvido no silêncio?... Oh! Divindade inexplicável, falai então por mim porque já não posso mais! Entrego-me a vós, meu Deus!"* (S 73).

Assim, em maio de 1753, escreve de novo à Ir. Maria de Jesus:

> *"Reze muito, muito a Deus por mim, que tenho grandes necessidades espirituais, e Deus sabe quanto estou agora aflito e triste! Se quiser, você pode ajudar-me muito diante de Deus. Faça-me esta caridade que Deus sabe... Deus sabe o que eu gostaria de dizer a você!"* (S 74).

Geraldo não se contenta em orar ao "bom Deus" simplesmente; ele tem fé em Deus Pai, Filho e Espírito Santo. Por isso são importantes, em sua piedade trinitária, a oração do "Glória ao Pai..." e o "Sinal-da-cruz", que acompanham quase a maior parte de seus milagres e sua devoção ao Espírito Santo:

> *"Escolho o Espírito Santo como meu único consolador e protetor em tudo. Que Ele seja meu advogado e esteja em primeiro lugar em todos os meus atos! Amém"* (S 119).

Geraldo procurou imitar o Senhor, com todo o coração de criança, depois com todo o coração de jovem. Às vezes de modo ingênuo, mas sempre de modo verdadeiro. Resumindo, sua espiritualidade é a conformidade, melhor dizendo, é sua uniformidade com a vontade de Deus. Sua maneira de comportar-se inspira-se na palavra de Jesus dirigida ao Pai: "Meu alimento é fazer a vontade daquele que me enviou e de realizar sua obra" (Jo 4,34).

Geraldo medita essa palavra de Deus demoradamente. O mesmo o faz com os sermões que ouve atentamente. Claro que os múltiplos sermões dos padres e bispos contribuíram para o aprofundamento de seu pensamento e de sua alegria de crer: os próprios padres e bispos o convidaram a falar ou, principalmente, a testemunhar sobre Deus, e em especial, sobre a Trindade, para seus padres e seus jovens seminaristas. Desse modo, Geraldo, sem ter procurado, imitava o Menino Jesus no templo de Jerusalém respondendo com sabedoria às perguntas feitas pelos doutores da lei.

E nós?

Que lugar a meditação do Evangelho ocupa em nossa vida? Orar não é ouvir, primeiro, a Deus que nos fala através da Bíblia e através dos acontecimentos de nossa vida? Não há dúvida de que na oração cristã é muito importante ouvir, primeiro, a Deus e, em seguida, contemplar sua palavra, antes de lhe responder com nossa oração pessoal, pois o Deus que ouvimos é o Deus Pai, que falou aos homens pela voz de seu Filho único, Jesus Cristo, por força do Espírito Santo. Então, qual é o lugar da Trindade em nossa vida espiritual? Será que não pertencemos muitas vezes ao número desses cristãos que, em sua fé e em suas orações, ignoram praticamente as três Pessoas que Jesus nos revelou? No entanto, os evangelhos e toda a liturgia convidam-nos sem cessar a encontrar na fé e na alegria nosso Pai do

Céu, por intermédio de seu Filho Jesus Cristo, na unidade do Espírito Santo.

Oremos com a Igreja

Deus, que governa o universo, quis, ó Geraldo, que o mesmo universo fosse por vós submetido. Assim, tudo parece acontecer quando proferis uma palavra.

Com vossa voz, fazeis com a que a febre se vá, curais os pulmões corroídos; nos partos dolorosos, arrancais da morte tanto as mamães quanto os bebês.

Deus, que toda a Terra proclame vosso louvor, que cante seu hino de agradecimento, Trindade Santa, que concedeis a Geraldo o poder de realizar tantas maravilhas. Amém.

Hino em honra a São Geraldo,
Liturgia das Horas, *Vésperas*

Nono dia

"SEJA ALEGRE!..."

Seja alegre e não perca a coragem! Tenha confiança em Deus e espere de Deus toda a graça!

Não confie apenas em você mesma, mas tenha confiança somente em Deus. Quando pensa que está tranqüila, é quando os inimigos estão mais perto de você. Não confie na tranqüilidade: porque aí é que pode surgir a guerra!

Prudência! Deve confiar a todo instante em Maria Santíssima, para que ela a assista e afaste, com seu poder, todos os inimigos.

O que está sofrendo não é motivo para ficar aflita e, sim, muito mais para humilhar-se diante de Deus e confiar mais em sua divina misericórdia...

Seja alegre! Conte com Deus para fazer de você uma santa!" (S 90-91).

"Seja alegre!" Esse apelo de Geraldo não se contradiz com os sofrimentos da Paixão que ele vivencia há longo tempo. Ele aprofundou essa comunhão com Cristo crucificado em favor dos pecadores. Isso não o impede de viver de verdade a paz e a alegria, como as das bem-aventuranças.

Em seu processo de beatificação, numerosos testemunhos sublinharam esse fato de que o irmão Geraldo era visto quase sempre alegre, mesmo quando acometido das mais dolorosas enfermidades.

"Só era visto sofrendo e como que abatido nos dias da Paixão de Jesus Cristo, ocupado em meditar os sofrimentos do Redentor" (S 89).

Daí se poder afirmar que seu "sim" à vontade de Deus no mistério da cruz não se separava de um "sim" decidido e alegre ao mistério pascal, em sua unidade e em sua totalidade. Assim, a uma terrível provação que o pudesse abater, ele vai dizer com simplicidade:

"Sinto minha alegria na imensidão de Deus" (S 158).

Resumindo, a alegria do irmão Geraldo assemelha-se à do Apóstolo Paulo: "Alegro-me nos sofrimentos que suporto por vós e completo em minha própria carne o que falta ao sofrimento de Cristo em favor de seu corpo que é a Igreja" (Cl 1,24).

Essa alegria, Geraldo a propõe às irmãs que passam por provações como, por exemplo, as religiosas do Carmelo de Ripacandida:

"Sejam alegres e encham-se de coragem, porque não são coisas destinadas apenas para nos fazer sofrer, mas sim para causar logo alegria. Quando se trata da vontade de Deus, aceitem tudo" (S 67).

Geraldo não era um santo triste: ele estampava em seu rosto a paz de Deus e não parava de encorajar as pessoas a viver a alegria das "bem-aventuranças", como escreveu nesta carta de 22 de janeiro de 1752 à irmã Maria de Jesus e a sua comunidade:

"Minha querida irmã em Jesus Cristo:
Deus conhece bem a aflição que me causa, quando a vejo tão aflita... Bendito seja o Senhor que a mantém nessa situação para fazê-la santificar-se. Vamos, alegria! E nada de medo! Seja forte e valente nos combates, para cantar uma enorme vitória em nosso reino celeste. É verdade que nos sentimos às vezes confusos e fracos. Mas o poder que há em Deus não é incerto nem fraco. É absolutamente certo que, nos combates, é Ele mesmo quem nos ajuda com seu braço divino. Desse modo, podemos ser alegres e ainda crescer muito espiritualmente aceitando sua divina vontade. E durante toda a eternidade vamos bendizer suas obras" (S 209).

E nós?

Somos cristãos tristes e chorões que não param de se lamentar? Ou, de fato, somos cristãos das bem-aventuranças, cristãos da Páscoa, que aceitam carregar, seja qual for a situação, sua cruz para a salvação do mundo em companhia de Jesus, estampando no rosto o reflexo da imensa alegria pascal. Então: nossa mentalidade é de morte ou de ressurreição? Disso depende hoje a qualidade de nosso apostolado.

Oremos ao Senhor por intercessão de São Geraldo

São Geraldo, destes um enorme testemunho de confiança em Deus e de inteiro abandono a sua vontade ao longo de vossa vida na Terra.

Com tão extraordinária confiança, conseguistes realizar inúmeras maravilhas no curto período de vossa existência.

Desejaria obter, por vossa intercessão, um pouco dessa confiança que animava vosso coração.

Que mais e mais, seguindo vosso exemplo, busque apoiar-me com toda a confiança na presença constante e amorosa de Jesus, meu Redentor, e de Maria, minha boa Mãe. Amém.

(B 24)

Décimo dia

"DEIXEM QUE EU FAÇO!"

"Vou esforçar-me para evitar, em todas as ocasiões, incomodar meu próximo, irritando-o.

Se souber de defeitos de um deles, tentarei corrigi-lo, mas não em frente a outros e, sim, em particular, entre nós dois, com toda a caridade e em voz baixa.

Se perceber que um padre ou um irmão estiver precisando de alguma coisa, deixarei tudo para atendê-los, a menos que uma ordem contrária me impedir.

Visitarei os doentes várias vezes ao dia, se me for permitido...

Em todas as atividades em que eu tiver de trabalhar com outros, mesmo que se trate de coisas pouco importantes e simples, como varrer ou transportar objetos etc., que meu costume seja o de nunca pegar o melhor lugar ou o serviço mais cômodo, nem o instrumento mais adaptado para a tarefa. Darei o melhor aos outros, contentando-me com o que sobrar. Assim todos ficarão contentes e eu também" (S 121).

Esse texto faz parte do "Regulamento de vida" de irmão Geraldo e salienta sua preocupação em praticar a caridade para com todos. Ele adquirira esse costume quando pequeno, partilhando seu pão com as pessoas de sua família, dando suas roupas aos pobres. Mais tarde, aos 19 anos, trabalhando por conta própria como alfaiate, dividia em três partes seus rendimentos: uma para a mãe e a família; outra parte para os pobres; e a terceira para a celebração de missas pelas almas do purgatório. Posteriormente, como religioso redentorista, era feliz ao distribuir pão, alimento e roupa aos pobres que se postavam à porta do convento. Em Materdomini, eles chegavam a ser, às vezes, uma centena.

Enfim, por ocasião dos trabalhos de casa, quantas vezes ele tomava o lugar dos outros irmãos, dizendo:

"Deixem que eu faço. Sou jovem" (F 70).

E trabalhava por quatro; ele que havia sido qualificado como "irmão inútil". Um de seus companheiros, o irmão Nicolau, tem vários testemunhos a esse respeito. Conta que o irmão Geraldo gostava do trabalho braçal e nunca perdia tempo. Quando não encontrava para si nada que fazer, procurava ajudar os outros em suas tarefas. E quando ninguém precisava dele, ocupava-se em reformar os muros da propriedade que ameaçavam ruir. Nas ocasiões em que se fazia o pão para a comunidade, trabalhava por quatro, tomava a iniciativa e dizia aos outros irmãos: "deixem que eu faço e vão descansar!", e trabalhava sozinho. Entretanto, enquanto executava as tarefas, permanecia sempre recolhido e unido a Deus (S 160-161).

Afinal, fazia o que se havia proposto:

"Se fosse possível, daria mil vezes minha vida para prestar serviço a meu próximo" (D 109).

Além do mais, a caridade de irmão Geraldo se transformava às vezes em milagre. Ele pertencia a um instituto missionário. Consciente de ter sido escolhido pelo próprio Jesus Cristo, como outrora os apóstolos, lembrava-se destas palavras do Evangelho: "Ele (Jesus) os enviou para proclamar o reino de Deus e curar as doenças" (Lc 9,2). Era por isso que, não somente anunciava a Boa Nova, mas também curava os doentes, realizando maravilhas principalmente em favor dos mais pobres.

A memória do povo guardou lembranças de muitos feitos, em especial os que realizou durante os primeiros terríveis meses do ano de 1755. Seu amigo e biógrafo, o padre Caione, recorda a centena de pobres que se comprimia então junto à porta do convento e assinala: "Não dá para expressar a grande caridade com que Geraldo se compadecia e corria em socorrê-los em seus males. Consolava-os com suas costumeiras palavras do céu. Ensinava-lhes elementos da fé. Dirigia-lhes algumas palavras de piedade e, por fim, dava-lhes esmolas e os dispensava duplamente reconfortados" (S 202).

É seu modo habitual de colocar em prática a palavra de Jesus: "Tudo o que fizerdes a um desses pequeninos, que são meus irmãos, é a Mim que o fazeis" (Mt 25,40).

Mas ele não se esquece desta outra palavra, exigente, de nosso Salvador: "Amai vossos inimigos" (Lc 6,27).

Não só trabalha pela reconciliação das famílias, com sucesso às vezes espetaculares, como ele mesmo dá exemplo de amor aos inimigos.

A propósito, é conhecido o perigo que correu um dia quando subia de Foggia a Illiceto. Tomou um caminho que passava pelas terras do duque de Bovino sem saber que o duque havia há pouco tempo impedido a passagem. O guarda da propriedade o surpreende e, sem o alertar, o derruba no chão a coronhadas, berrando: "Ah!

Há quanto tempo procuro um monge para lhe descarregar o braço" (R 61)

Irmão Geraldo, no chão, depois de pedir desculpas e comprovar sua ignorância quanto à proibição determinada pelo duque, disse-lhe com doçura:

> *"Bate, bate, meu irmão... Você tem razão"* (R 61).

Surpreso, o guarda larga seu fuzil e exclama: "O que fiz? Matei um santo!" Felizmente, Geraldo não havia morrido, mas tinha uma costela quebrada. Pediu ao guarda que o montasse na garupa do cavalo e o conduzisse até o Convento de Illiceto onde todos, ao vê-lo chegar, lamentam sua má sorte, vendo-o em tão deplorável estado:

> *"Não é nada,* diz irmão Geraldo, *apenas uma queda do cavalo, mas esse homem valente me ajudou. É preciso dar-lhe alguma coisa"* (R 62).

E nós?

Temos a preocupação de anunciar a Boa Nova com nossas palavras e principalmente com nossos atos? Onde os compartilhamos com os pobres? Gastamos tempo visitando os doentes? Estamos decididos a perdoar de verdade a quem nos ofendeu?

Oremos ao Senhor pela intercessão de São Geraldo

São Geraldo, sempre reconhecestes como irmãos em Jesus Cristo aqueles que viviam convosco e todas as criaturas humanas, conhecidas ou desconhecidas.

Quisestes que esse olhar de fé transformasse todo o vosso dia-a-dia. E me forneceis ao mesmo tempo um modelo de ação que é como o segredo de vossa vida que "via nas pessoas a pessoa de Jesus".

Venho pedir-vos que me sintonize um pouco com esse olhar de fé que era o vosso, para que possa reconhecer Jesus em todas as pessoas quantas, na vida, eu encontrar.

É para Jesus que desejo viver e morrer.

"O que tiverdes feito ao menor de meus irmãos, é a mim que fizestes."

Dai-me esse espírito de fé que há de me permitir ver Jesus em todos os que me rodeiam.

Amém.

(B 25)

Décimo primeiro dia

"PELOS POBRES PECADORES..."

"Que todas as minhas orações, comunhões etc., oferecidas a Deus em união com o precioso sangue de Jesus Cristo, sejam sempre pelos pobres pecadores" (S 122).

Essa diretriz faz parte do "Regulamento de vida" de irmão Geraldo. Assinala sua vontade missionária de trabalhar pela salvação dos pecadores, de todos os pecadores. Durante o tempo de silêncio após o meio-dia, enquanto muitos faziam a sesta, ele lia a Bíblia ou livros espirituais, em especial os escritos por Afonso de Ligório sobre a paixão de Cristo:

"Durante o tempo de silêncio, irei dedicar-me a meditar a Paixão e Morte de Jesus e as dores da Santíssima Virgem Maria" (S 122).

E acrescenta com seu entusiasmo juvenil:

"Oh! Meu Deus, pudesse eu converter tantos pecadores quantos são os grãos de areia no

mar e na terra, quantas são as folhas das árvores e dos campos, quantas são as partículas do ar, as estrelas do céu, os raios do sol e da lua, quantas são as criaturas na terra" (S 124).

Desse modo, sua vida religiosa acabava por tornar-se uma "eucaristia continuada": oferecer, ao Pai, Jesus, que dá seu sangue para salvar toda a humanidade e oferecer-se com Ele por todos os "pobres pecadores". Não são, porém, apenas os grandes pecadores que necessitam de ajuda, também os que trilham o caminho da santidade e precisam resistir à tentação de parar e desistir:

"Quando souber ou quando me disserem de alguém que está sendo provado pela vontade de Deus, mas não está sendo capaz de aceitar o sofrimento e pede ajuda, pedirei a Deus por essa pessoa, oferecerei tudo que fizer, por três dias seguidos, para que obtenha do Senhor a santa conformidade com a vontade de Deus" (S 122).

Geraldo reza, sofre pelos pecadores, mas antes vai ao encontro deles, conversa, orienta, ajuda. Durante as missões, orienta os penitentes como apresentar-se aos padres para que possam receber a absolvição. E em outras situações lhes escreve, sejam eles leigos, religiosos, religiosas ou padres. Assim é que Geraldo se coloca junto à pessoa, oferecendo-lhe suas orações e sacrifícios etc., para que, em caridosa comunhão, caminhe até Deus e consiga a graça de continuar progredindo. A carta a seguir, sem data, dirigida ao Pe. Francisco Grazilli, redentorista, comprova o que falamos.

"Meu caro Padre,
É uma brincadeira o que a Divina Majestade está fazendo com o Sr., o que me alegra e consola. Esperemos que Deus lhe queira dar uma ótima vitória. Por ora, vamos, coragem! Nada de medo; ao contrário, fique feliz por Deus estar com o Sr., que eu estou bem seguro de que Ele não vai abandoná-lo.

O Sr. tem dúvidas quanto a suas confissões. Esse momento de angústia é uma pequena mortificação que Deus lhe quer oferecer. O Sr. me diz que julga em causa própria. Claro, o Sr. deve mesmo ter essa idéia; se não, não sentiria angústia. A Majestade Divina costuma agir assim mesmo com aqueles a quem ama, por que quer vê-los angustiados a fim de que saibam que tudo provém dele. Se o Sr. reconhecesse que tudo vem de Deus, com certeza não sofreria mais e viveria como que num paraíso na terra. Depois, se temos algum pequeno defeito e

falhamos, pensemos: os santos não foram puros espíritos na terra!
    Confie e espere em Deus, meu caro Padre"
(S 93-94).

Geraldo reconhecia-se pecador e amava os pecadores como Deus os ama: rezava por eles e se dedicava a ajudá-los a converter-se.

E nós?

Estamos conscientes de que somos de fato pecadores? Que temos necessidade do perdão do Senhor e da ajuda espiritual de nossos irmãos e irmãs? Além do mais, nós que acreditamos no perdão de Deus, do Deus-Amor que deseja mais do que nosso perdão, estamos atentos em rezar para alcançar nosso perdão, e também em rezar por todos os pecadores do mundo?

Oremos ao Senhor, pedindo a intercessão de São Geraldo

Filho, Redentor do mundo, que sois Deus, tende piedade de nós.
Espírito Santo, que sois Deus, tende piedade de nós.

Trindade Santa, que sois um só Deus, tende piedade de nós.

Santa Maria, rogai por nós.

São Geraldo, rogai por nós.

Anjo de piedade, rogai por nós.

Confidente de Jesus Eucarístico, rogai por nós.

Servo da Virgem Imaculada, rogai por nós.

Amigo do arcanjo São Miguel, rogai por nós.

Discípulo querido de Santo Afonso, rogai por nós.

Padroeiro dos que fazem a Primeira Comunhão, rogai por nós.

Protetor dos aprendizes, rogai por nós.

Modelo perfeito de servidor, rogai por nós.

Modelo de pobreza religiosa, rogai por nós.

Espelho de castidade virginal, rogai por nós.

Prodígio de obediência religiosa,

rogai por nós.

Lar de caridade ardente, rogai por nós.

Auxiliar dos que se dedicam ao apostolado, rogai por nós.

Conselheiro do clero, rogai por nós.

Defensor de Jesus Cristo caluniado, rogai por nós.

Mártir do dever, rogai por nós.

Providência dos peregrinos, rogai por nós.

Pai dos pobres, rogai por nós.
Consolador dos doentes, rogai por nós.
Apoio dos agonizantes, rogai por nós.
Salvação das mães em perigo, rogai por nós.
Taumaturgo universal, rogai por nós.

Extraído da *Ladainha de São Geraldo*

Décimo segundo dia

"NUNCA ME DEFENDEREI..."

"Nunca me defenderei, mesmo que tenha toda a razão. Basta que o que disseram de mim não seja ofensivo a Deus ou prejudicial ao próximo.

Serei contrário a todo tratamento especial.

Nunca responderei a quem me repreender, a não ser que seja interrogado.

Nunca acusarei ou falarei dos defeitos de alguém, nem que seja por brincadeira.

Defenderei sempre meu próximo e verei nele o próprio Jesus Cristo, quando foi acusado falsamente pelos juízes, e assim agirei, de modo especial, quando o acusado estiver ausente" (S 120-121).

Prova-se a verdadeira santidade na cruz. Em 1754 Geraldo passou por dura provação: a calúnia. O fato é que, concluído o noviciado, Geraldo era muitas vezes enviado às missões por seus superiores. Acompanhava os padres pregadores, prestava-lhes serviços, participava espiritualmente das missões com suas orações e com seu convívio junto ao povo. Não só convidava os pecadores a aproximarem-se dos padres para se confessar como se preocupava com as vocações religiosas. Ora, nessa região onde a maior parte do povo era pobre, para uma jovem entrar num convento de contemplativas era, muitas vezes, bem difícil, porque todos esses conventos exigiam dote para a admissão. O irmão Geraldo preocupava-se com isso. Ajudava a essas jovens, pedindo donativos às comunidades das quais ele fazia parte como também a benfeitores que ele conhecia.

Foi assim que ele prestou sua ajuda a Nerea Caggiano, uma jovem que havia demonstrado desejo de entrar no Mosteiro das redentoristinas de Foggia. Entretanto, ela, ao final de três semanas, deixou o convento e voltou para casa. Tentou encontrar justificativas para sua saída, acusando, no início, as monjas de Foggia, dizendo que elas a teriam maltratado, mas ninguém acreditou. Então acusou Geraldo de haver mantido relações escandalosas com uma jovem pertencente a uma família que o hospedava com freqüência durante suas viagens missionárias. E contou isso em confissão. Considerando muito graves tais acusações, o confessor lhe pediu que as escrevesse e que ele mesmo entregaria a carta ao Superior geral da congregação, Pe. Afonso de Ligório, de quem era amigo. Informado do "acontecido", Afonso convocou Geraldo para que fosse a Pagani.

"Meu Superior me chama — escreve Geraldo em uma carta de maio de 1754 — *rezem por mim: tenho muita necessidade"* (R 116).

Chegado a Pagani, dia 14 de abril 1754, Páscoa, Geraldo se apresenta a Afonso. É a primeira vez que se encontram. Afonso lhe pede que leia a carta com a acusação, assinada por Nerea Caggiano. Acabada a leitura, Geraldo inclina a cabeça, em silêncio: "Nunca me defenderei", era como havia decidido agir, conforme estava em seu "Regulamento de vida". O silêncio deixa Afonso intrigado. E fica em dúvida: desiste de excluí-lo de sua congregação e julga melhor proibi-lo de conversar e escrever às pessoas de fora e, em acréscimo, proíbe-o de comungar. Sem pronunciar uma palavra, Geraldo se retira.

Na comunidade de Ciorani, onde é convidado a ficar por uns dez dias, antes de retornar a Materdomini, Geraldo toma a defesa de seu Superior cada vez que o criticam pela decisão tomada contra ele. E os que mostram compaixão pelo fato de vê-lo privado de receber a santa comunhão ouvem dele o seguinte:

"Para mim basta ter Jesus em meu coração" (F 234).

E a um confrade que lhe aconselha escrever ao Reitor-mor para conseguir permissão de comungar, fica um momento em silêncio, depois responde com ênfase:

"Não! É preferível morrer sob o peso da vontade de Deus" (F 234).

Semanas mais tarde, entretanto, Afonso, que só ouvia elogios sobre o comportamento do irmão Geraldo, autoriza-o a comungar todos os domingos. Finalmente, no começo de julho, duas novas cartas chegam ao escritório do Reitor-mor: Nerea Caggiano, gravemente doente e torturada pelo remorso, confessa que mentiu e retira suas acusações contra o irmão Geraldo. Muito feliz, Afonso apressa-se em fazer voltar o irmão Geraldo para reparar o erro e lhe afirmar sua confiança: "Mas por que, meu filho, não falaste, não disseste uma palavra para provar tua inocência?

"Pai, como poderia agir assim quando a regra proíbe defender-se das repreensões dos superiores?" (S 120).

"Vós sereis perseguidos", dissera Jesus. É apenas um anúncio banal de sofrimento? Não! o sofrimento é parte de toda a humanidade. Sem exceção. Ao contrário, o que Jesus anuncia é a perseguição, ou seja, um tipo de sofrimento característico: sofrimento reservado aos justos porque são justos, aos discípulos de Jesus, porque são discípulos de Jesus. E os discípulos, caso sejam verdadeiros discípulos, não podem pretender outro tratamento, diferente do que é dado ao mestre. Se me perseguiram, hão de vos perseguir também (Jo 15,20).

É através da cruz de Jesus, da doação de sua vida, que se revela o máximo do amor de Deus para com os homens. Em Jesus perseguido, antes de tudo. Depois, em seus discípulos perseguidos, que trilham esse mesmo caminho de amor. Duro e sangrento.

No conjunto das bem-aventuranças, essa bem-aventurança tem a cor do sangue. É a bem-aventurança dos mártires. Entretanto na sinfonia das bem-aventuranças, a dos perseguidos é a "Nona", um Hino à Alegria. Grandioso; pois os discípulos de Jesus, certos de serem perseguidos, alegram-se. O Cristo lhes prometeu, mais do que lágrimas e sangue, a alegria. A alegria perfeita: "Amém, amém, eu vos digo: havereis de chorar e de vos lamentar, enquanto o mundo se diverte.

Vós estareis tristes, mas vossa tristeza se transformará em alegria..." (Jo 16,20-23).

Essa promessa cumpriu-se na história de vida de Geraldo, pois dizia ele em uma carta a um padre de sua congregação:

"Se o Sr. reconhecesse que tudo vem de Deus, com certeza não sofreria mais e viveria como que num paraíso na terra".

E nós?

Experimentamos a bem-aventurança dos perseguidos? Da tristeza transformada em alegria como a de Geraldo? Como a dos discípulos no dia da Páscoa?

Rezemos por todos os que são perseguidos pelo mundo afora por causa de sua fé. De modo muito especial pelas vítimas da calúnia.

Peçamos ao Senhor que nos conceda essa alegria conquistada, essa alegria vinda da cruz, essa alegria que jorra como uma fonte da terra árida de nossa vida diária.

Oremos ao Senhor, pedindo a intercessão de São Geraldo

São Geraldo, fostes caluniado e denunciado falsamente perante vossos superiores. Sob o golpe da dor, voltastes vossa vida inteiramente para o Senhor e, à lembrança de sua Paixão e de sua Morte, é que encontrastes a consolação que vos sustentou nesta provação.

Uma vez mais deparo-me aqui com o segredo de vossa vida: "Esta é a vontade de meu divino Redentor".

Vós me fazeis compreender que em todas as circunstâncias da vida, no sofrimento moral, no trabalho de todos os dias, em meus relacionamentos com os outros, há sempre uma visão de fé, que vem dar um significado profundo a tudo que faço, a tudo que penso e a tudo que sinto, que é a união com Jesus.

Dai-me esse espírito de fé, que me faz compreender o sentido de meus sofrimentos e de minhas aflições íntimas. Amém.

(B 26)

Décimo terceiro dia

"GUARDE O LENÇO!"

"Não, obrigado! Guarde o lenço, menina. Um dia lhe poderá ser útil" (F 321).

Estamos em 1755, o último ano da vida de irmão Geraldo. Seu Superior o enviou para fazer a coleta para a construção do Santuário de Materdomini. Mas ele vomita sangue durante a viagem e o Superior o convida para descansar em Oliveto na casa de seus amigos da família Salvadore... um pouco parecido como Jesus em Betânia antes de sua Paixão.

Bem, durante sua estada, o irmão Geraldo faz uma visita a outra família, a dos Pirofalo, pertencente ao círculo de seus benfeitores na região. Depois de sua saída, uma menina percebe que ele esqueceu o lenço sobre uma cadeira e o leva até ele. Foi quando, sorrindo, Geraldo lhe disse:

"Não, obrigado! Guarde o lenço, menina. Um dia lhe poderá ser útil" (F 321).

"Um dia lhe poderá ser útil"... A jovem lembrou-se. Anos mais tarde, já casada, estava para dar à luz. As dores eram terríveis e sua vida, como a da criança, corria perigo. Os médicos chamados a sua cabeceira sentiam-se desnorteados diante da situação. Então a jovem se lembrou do lenço de irmão Geraldo. E pediu que o trouxessem. Pegou-o e, de imediato, as dores pararam e ela deu à luz seu primeiro filho.

A notícia espalhou-se como um rastilho de pólvora por toda a região. Logo o lenço se fez em mil pedaços. Muitas futuras mamães o queriam. Pouco depois de morto, Geraldo tornou-se então o protetor das futuras mães em Muro, Illiceto, Materdomini e... no mundo inteiro. De fato, no momento do parto muitas mães, que o invocavam, sentiam as dores desaparecer como que por encanto. Os casos são muitos e alguns foram relatados por ocasião da beatificação e canonização de Geraldo. Aqui um desses casos, que o Pe. Tannoia, missionário redentorista, historiador, muito amigo de Afonso de Ligório e Geraldo, relatou em uma das etapas do processo de beatificação:

"Quando estava grávida de oito meses, Vittoria Multera foi acometida por uma febre muito forte. Não havia esperança de salvá-la. Dei-lhe então uma estampa do irmão Geraldo e lhe disse que rezasse três "Glórias ao Pai" em agradecimento à Ss. Trindade pelas maravilhas que havia realizado através do irmão Geraldo. Aconselhei-a também a recomendar-se a ele. Ela fez as orações e colocou a estampa sobre o peito, e imediatamente deu à luz um menino a quem deu o nome de Geraldo".

Essa é a razão por que existem tantos Geraldos pelo mundo afora. Também o motivo pelo qual no Santuário de Materdomini, Sul da Itália, na região de Nápoles, na festa de São Geraldo, dia 16 de outubro, benzem-se os lenços que estampam sua imagem e se oferecem aos jovens casais bolos de casamento.

Geraldo, muitas vezes, meditara e compartilhara a alegria de Maria, em Nazaré, no dia da anunciação: "Ave, Maria, cheia de graça, o Senhor é convosco... eis que ireis conceber e dar à luz um filho e lhe dareis o nome de Jesus. Ele será grande e será chamado filho do Altíssimo..." (Lc 1,28-32).

Geraldo havia igualmente meditado e compartilhado a alegria de Maria e de José, dos anjos e dos pastores no dia do nascimento de Jesus em Belém.

Ajudavam-no nesse meditar os cânticos compostos por Santo Afonso para a festa do Natal e que ainda hoje são ouvidos, pelo rádio, na Itália e em outras regiões, em especial, "Tu scendi dalle stelle, o Re del Cielo" (Eis que lá das estrelas, ó Rei celeste, tu vens nascer na gruta ao frio agreste..."). A respeito dessa belíssima canção natalina, Giuseppe Verdi afirmou: "Sem esta canção, Natal não é Natal".

Geraldo pedia que sua alegria se espalhasse por todos os lares cristãos.

E nós?

Gastamos tempo meditando o maravilhoso mistério do Natal? Compreendemos que o matrimônio cristão lembra a própria união de Deus com a Humanidade na pessoa encarnada de Deus-Homem? Das núpcias de Cristo e sua Igreja em um só Corpo? Acompanhamos com nossas orações e com alegria os jovens casais que conhecemos? Rezamos para que a alegria de um feliz nascimento encha cada novo lar cristão?

Oremos ao Senhor, pedindo a intercessão de São Geraldo

Glorioso São Geraldo, aos insignes privilégios com os quais o Céu vos favoreceu, acrescentastes o de ajudar as mães que esperam pelo futuro parto.

Durante vossa vida e depois de vossa santa morte, sois a segurança para aquelas que, neste momento difícil, a vós recorrem.

Quantas mães vos confessaram a felicidade de ver seu filho regenerado pelas águas do batismo.

Graça preciosa para nós, concedei-nos que não a recusemos.

Obtende para meu filho a graça de tornar-se, pelo santo batismo, filho de Deus, herdeiro do céu.

Obtende-me, suplico-vos, de levar esta criança querida ao conhecimento, ao serviço, ao amor de Deus, a fim de que, depois de tê-la visto crescer em idade e sabedoria, tenha a glória de ser, um dia, a mãe de um eleito. Amém.

> Prece de uma mãe cristã,
> extraída de *O Apóstolo do Lar*

Décimo quarto dia

"ESTOU CASADO COM A SS. VIRGEM!"

"Escolho o Espírito Santo como meu único consolador e protetor em tudo...
E vós, minha única alegria, ó Virgem Maria, quero que sejais minha segunda protetora em tudo o que possa me acontecer. E quanto ao que diz respeito às resoluções que tomo aqui, quero que sejais sempre minha única advogada junto de Deus" (S 119).

Essas diretrizes espirituais constam do *Regulamento de vida*, que irmão Geraldo se impôs no início de sua vida religiosa de redentorista. Em toda a sua vida permanecerá fiel a esse amor a Virgem Maria, a Mãe de Jesus e sua mãe.

Certo dia o Superior o encarregou de acompanhar jovens estudantes redentoristas que se apresentavam em Ciorani para a continuação dos estudos. Mas a distância era longa e ele precisou pernoitar, durante o percurso, em um albergue. A filha do dono, impressionada pelo aspecto feliz de irmão Geraldo apaixonou-se por ele a ponto pedir-lhe em casamento. O rosto de Geraldo iluminou-se ao mesmo tempo em que, com um largo sorriso, respondeu:

> *"Nem me fale; não sabias que já sou consagrado a Nossa Senhora (a Madona)?"* (D 103).

Geraldo, de fato, não só estava consagrado ao Senhor pelos votos de pobreza, castidade, obediência e perseverança através de sua profissão religiosa, como é preciso lembrar o que se passou em Muro no terceiro domingo de maio de 1747: a Senhora e Mãe Imaculada, em sua imagem, havia percorrido como uma visão encantadora as ruas da cidadezinha debaixo de um magnífico sol de maio. Entronizaram-na na igreja e a cercaram com mil velas. Era possível ver, na primeira fila, em meio aos rostos queimados de sol dos camponeses, a figura esguia de Geraldo, que se destacava dos demais. Rezou por longo tempo em silêncio. Depois, de repente, seu semblante iluminou-se e ele, firmando-se nos pés erguidos e, levantando um anel que tinha na mão, colocou-o no dedo da Virgem Maria. Com esse gesto, como em seguida explicou, quis contrair matrimônio, unindo sua pureza à pureza de Maria. E desde esse dia, quando alguém lhe perguntava por que não se casava, respondia:

"Estou casado com a Santíssima Virgem" (F 58).

Compreendamos: Geraldo não era um teólogo, um místico, de linguagem douta; era um homem do povo, de linguagem simples e direta. Ele ama Maria com um amor excepcional, mas o declara com palavras do dia-a-dia, com palavras simples. Do mesmo modo como Geraldo ama Jesus "até a loucura", ama apaixonadamente a Maria. A figura do matrimônio é a expressão simples e ingênua desse fato. Afinal, é para ele uma grande alegria amar e saber que era amado. É a "bem-aventurança dos corações puros" no sentido mais profundo da palavra "pureza": não uma ausência de faltas, mas um ímpeto de amor que ultrapassa o comum, de uma vida dedicada a sua devoção simbolizada pela colocação do anel de esposo no dedo da imagem da Virgem. Esse gesto simbólico completa um amor que cresceu ao longo dos anos. Geraldo amava Maria desde a mais tenra idade. Quando criança, ia em romaria ao Santuário da Virgem de Capodigiano, a 2 km dos arredores da cidade de Muro Lucano. E esse amor não pára de crescer ao longo do tempo. Em seguida, depois de ter ingressado no noviciado dos redentoristas, fica conhecendo as *Visitas ao Santíssimo Sacramento e à Santíssima Virgem*, compostas por Afonso de Ligório, em princípio para seus noviços. Depois, no transcorrer de seu segundo noviciado, em 1750, descobre outro livro do mesmo autor: *As Glórias de Maria*, livro que vai alcançar a maior tiragem entre as obras marianas de todos os tempos.

Geraldo meditou essas duas obras, que alimentaram sua piedade mariana. Piedade mariana que tinha sua fonte nos evangelhos, daí o fato de Geraldo vê-la em primeiro lugar não uma rainha, mas uma mãe, a de Jesus e sua também. Ao médico, Dr. Santorelli, que para bulir com ele, perguntou-lhe, certa vez, se ele amava a Virgem Maria, Geraldo respondeu:

"Doutor, que pergunta? Por que me atormentas assim?" (D 104).

Ele meditou durante muito tempo a palavra de Jesus na cruz a seu discípulo João: "Eis aí tua mãe" (Jo 19,27).

Ele crescera sob o olhar de Maria. Havia acolhido a mensagem mariana de Caná: "Fazei tudo o que Ele vos disser" (Jo 2,6).

Fazei, ou seja, ação.

"O que vos disser." Para ele. Em outras palavras, conformai vossa vida, hoje e antes de tudo, com a palavra de Jesus.

"Tudo." "Fazei tudo o que ele vos disser."

Em resumo, não há escolha, levai a sério todo o Evangelho, tanto o que diz respeito à ação, quanto à oração, à caridade, à justiça, à alegria e à cruz.

Geraldo sentia-se amado por Maria e a amava por sua vez. Por isso, dirigindo-se a Ela, em oração, chamava-a familiarmente "mamãe Maria"... um pouco, como o fará Santa Teresinha do Menino Jesus e da Santa Face com nosso Pai do Céu, a quem chamava "Papai", como Jesus (Abbá) no evangelho.

E nós?

Qual é a importância de Maria em nossa vida espiritual? Possui ela o primeiro lugar como a mãe em uma família onde é amada de verdade?

Acolhemos não apenas Maria, mas também seus outros filhos e filhas, quer dizer, nossos irmãs e irmãos terrenos?

Oremos então como Geraldo, de maneira pessoal. Assim nossa oração tornar-se-á uma verdadeira explosão de amor para com Deus e para com a Virgem Maria.

Oremos com Geraldo

Meu Deus, desejo amar-vos com todos os afetos que a Santíssima Virgem Maria vos dirigiu e aos espíritos bem-aventurados desde a criação.

E com o amor de todos os fiéis da Terra, unido ao próprio amor que Jesus Cristo tem pelo Pai e a todos os que o amem, multiplicando cada vez mais esses afetos.

E também em relação à Santíssima Virgem Maria.

Extraído do *Regulamento de vida*,
de irmão Geraldo (S 123)

Décimo quinto dia

"MORRO FELIZ"

"Senhor, sabes que tudo o que fiz e disse, o fiz e disse inteiramente para tua honra e glória. Morro feliz porque creio que procurei em tudo somente tua glória e tua vontade e nada mais" (S 191).

Era a resposta de irmão Geraldo, nesta sexta-feira, 5 de setembro de 1755, ao Padre Francisco Buonamano, que lhe trazia o viático e acabara de dizer-lhe: "Eis vosso Deus que em poucos dias deve ser vosso juiz. Reavivai vossa fé, pronunciando atos de amor". O primeiro ato de amor de Geraldo é esta resposta: "Morro feliz", porque ele havia meditado as palavras de Jesus antes de sua morte. Lembrou-se que Jesus dissera: "Eu voz deixo minha paz, eu vos dou minha paz... não vos perturbeis nem tenhais medo... Se me amásseis, ficaríeis alegres" (Jo 14,27-28).

A resposta de Geraldo é, por assim dizer, um eco da felicidade dos cristãos lembrada pelo Apocalipse: "Felizes os mortos que adormecem no Senhor. Sim, diz o Espírito de Deus, que descansem de suas fadigas, porque suas obras os acompanham" (Ap 14,13).

Depois de ter respondido "Jesus, morro feliz, por fazer a vontade de Deus", Geraldo comungou, ficou um momento a sós, com seu Jesus, a expandir seu amor para com Ele que morreu e ressuscitou para salvar todos os seres humanos de todos os tempos. Disseram que Geraldo repetia as últimas palavras de Jesus na cruz: "Tudo está consumado" (Jo 19,30).

"Pai, em tuas mãos, entrego meu espírito" (Lc 23,46).

De manhã o estado de saúde de Geraldo se agravou. O padre Caione entrou no quarto, trazendo um bilhete: "É o padre Fiochi que lhe envia este papel", diz enquanto o desenrola. "Ouça bem o que ele quer." Leu devagar, devagar, e disse: "Veja, então, o que é preciso fazer". Entregou-lhe o bilhete e saiu depressa. Geraldo colocou o bilhete sobre o peito. Uma vez mais invocou a palavra de Deus: "Eis me aqui, venho fazer vossa vontade". Era a vontade de Deus que seu Diretor espiritual lhe manifestava de que voltasse a melhorar de saúde. Obedeceu e a febre deixou-o e as hemorragias cessaram; por algumas semanas.

Dia 14 de setembro, Festa da Exaltação da Santa Cruz, o irmão Geraldo diz a um confrade:

"Hoje, em Foggia, Madre Maria Celeste foi unir-se a Deus" (F 330).

Uma testemunha garante que nesse dia Geraldo parecia mais alegre do que de costume: sem dúvida, alegre por saber que sóror Maria Celeste estava no céu e alegre também por saber que ele lá estaria nos próximos dias. De fato, vai dizer ao Dr. Santorelli que veio visitá-lo em 4 de outubro:

"Devia morrer no dia da festa da Madona. Esse é o dia em que o Senhor daria a graça de me levar para o céu, mas pedi-lhe para morrer no dia seguinte, a fim de morrer tranqüilo e não no barulho causado pela festa. Não queria principalmente provocar o mínimo de perturbação aos pobres padres e a toda a comunidade, que suportam um imenso cansaço causado pela enorme massa de peregrinos que acorre ao Santuário. (O Pe. Caione observa que estiveram nesse dia em Materdomini cerca de doze mil pessoas.) E, sendo atendido por isso, tive de sobreviver" (F 326-327).

"Sobreviver!" A palavra é bem escolhida. Geraldo tem razão: ele não está definitivamente são. Simplesmente recobrou um pouco a saúde por algumas semanas ainda. Assim que se sente melhor, escreve algumas cartas. Nelas fala da morte. Tinha, além do mais, o costume de dizer: "Pensa em teu último fim e jamais pecarás".

Vamos ler, por exemplo, a carta endereçada à soror Maria Celeste do Espírito Santo, escrita entre março de 1753 e abril de 1754. Ela ainda é noviça e passa por provações em sua vocação. Fará sua profissão em outubro de 1754. É a ocasião para Geraldo compor um hino à beleza da vocação religiosa, lembrando em tudo o encontro marcado e incontornável da morte, passagem para uma vida nova e eterna:

"Minha irmã, quem poderá lhe dar paz a não ser Deus? Quando foi que o mundo saciou o coração humano, de uma princesa, de uma rainha ou de uma imperatriz? Nunca ninguém até agora ouviu ou leu algo a respeito em algum livro. Sabemos apenas que o mundo semeia espinhos e tribulações nos corações. Quanto mais ricas, homenageadas e estimadas, levando uma vida cheia de satisfações, mais sofriam intimamente! Alegre-se então; coragem! Vença, vença toda tentação com generosidade, declarando-se sempre esposa de nosso mui grande Senhor. É belo ser esposa de Jesus Cristo!

Não digo que os que vivem no mundo não pos-

sam ser salvos; digo, porém, que vivem em constante perigo de se perder. E não podem assim ficar santos tão facilmente como nós no convento.

Leve em consideração, peço-lhe, a brevidade da vida neste mundo e a duração da eternidade. Pense que tudo tem um fim... peço-lhe, minha irmã, que vá, por um momento, ao cemitério onde estão sepultados os restos mortais de santas religiosas deste convento. Pense o que teriam encontrado se elas fossem pessoas importantes no mundo. Oh! Quanto lhes valeu o terem vivido pobres, mortificadas, esquecidas e encerradas neste pequeno convento! Que paz não sentiram no momento da morte, vendo que morriam na casa de Deus! Todo o mundo gostaria de ser santo ao morrer, mas não é possível. Só se acha nesse momento o que foi feito, em vida, para Deus" (S 87-88).

Geraldo preocupa-se com as vocações religiosas. Recomenda-as em suas orações e faz tudo para ajudá-las com sua palavra, com seus escritos. Vamos ler mais esta carta, a única que nos resta das que escreveu estando próximo da eternidade. Data de setembro de 1755 e destinada a Elisabeth Salvatore, sobrinha do arcipreste de Oliveto. Geraldo tinha realizado seu desejo, o de um compromisso religioso a serviço do Senhor. Escreve para encorajá-la em sua vocação:

"Coragem, filha bendita, você deu o último passo para ser toda de Deus. Como é bom ser todo de Deus!" (S 113).

Na manhã de 15 de outubro anunciará ao mestre marceneiro de Muro, Filipe Galella, sua iminente entrada no paraíso:

"Mestre, Filipe..., hoje é dia de recreio (feriado) para a comunidade e vai ser outro amanhã por minha causa".

Que estás dizendo? Perguntou o marceneiro. *"Vou morrer amanhã, pela noitinha!"*, respondeu Geraldo. É preciso saber que Afonso havia introduzido no Instituto o costume de celebrar, com um dia festivo, o falecimento de cada confrade, bela maneira de expressar a convicção que ele tinha de contar com um novo modelo a ser imitado na terra e um novo protetor no céu.

Por volta das vinte horas, ouve-se Geraldo dizer repetidas vezes:

"Meu Deus, onde estais? Senhor, mostrai-vos a mim!" (R 140).

Em seguida, inicia devagar o *Miserere* (Sl 50) no silêncio de sua última noite. Depois, batendo no peito, repete intensamente:

"Meu Deus, arrependo-me... Quero morrer para vos agradar... quero morrer para fazer vossa santa vontade" (F 337).

No dia seguinte, 16 de outubro de 1755, uma e meia da madrugada, Geraldo adormecia na paz do Senhor. Tinha 29 anos. De manhãzinha, o irmão sacristão, como de costume, quis tocar o sino para anunciar a morte de irmão Geraldo, mas para sua grande surpresa e de toda a comunidade foi um bimbalhar festivo, tão alegre como de Páscoa, que ecoou do campanário do Santuário de Materdomini.

E nós?

Geraldo havia meditado intensamente sobre a agonia, os sofrimentos, a crucifixão e a morte de Jesus. Admirava o amor de Jesus e o desejava compartilhar em união com seus sofrimentos.

Pensamos na morte de Jesus? Pensamos em nossa morte, não como um momento ruim pelo qual temos de passar, mas como um reencontro com nosso melhor amigo, como uma festa junto com o Senhor? Ele, que pensou em nós ainda antes da criação do mundo... que nos acompanhou com seu olhar amoroso durante todo o transcorrer de nossa vida... que nos estende a mão nas horas difíceis e que nunca deixa de nos esperar, para compartilhar conosco seu amor e sua bondade eterna. Possamos nós, como Geraldo, "morrer felizes", quando for a hora desse encontro com Cristo para que se cumpra em nós, com a força do Espírito Santo, a vontade amorosa de nosso Pai.

Oremos ao Senhor, pedindo a intercessão de São Geraldo

Com a oração a seguir Pe. Caione, redentorista e historiador, conclui a primeira biografia de seu amigo, o Irmão Geraldo. A biografia foi escrita a pedido de Santo Afonso de Ligório.

Possa esta oração, cheia de simplicidade e de admiração para com o jovem Irmão, ajudar-nos a viver e a "morrer contentes" num mesmo querer e num mesmo amor ao Senhor Jesus, nosso amigo divino, o Filho de Maria e nosso irmão.

Queridíssimo Irmão meu, pedi a Deus a quem amastes com fervor tão grande, pedi por mim, pobre pecador!

Fazei que meu coração arda de amor por Cristo Deus, para que eu possa ser vosso companheiro (S 196).

ORAÇÃO FINAL

São Geraldo, vós que fostes desde a mais tenra infância amigo de Jesus, e filho querido da Virgem Maria, dai-nos a graça de cultivar essa amizade com a oração e a eucaristia.

Ajudai-nos a fazer prevalecer a vontade do amor de "nosso querido Deus", colocando-nos neste nosso mundo a serviço de nossos irmãos e irmãs na terra, humildemente, como "servos inúteis" do Evangelho, convidados ao banquete festivo do Senhor e por Ele servido.

Enfim, pela força do Espírito Santo, conduzi-nos com coragem e alegria no caminho da Páscoa que passa pela cruz, a fim de continuar a missão do Cristo Salvador, que nos ama a todos, com o Pai e o Espírito Santo, hoje e sempre. Amém.

BIBLIOGRAFIA

1. Em português

Francisco COSTA, C.Ss.R., *Vida de São Geraldo*, Ed. Santuário, Aparecida-SP, 1987.

José Geraldo RODRIGUES, C.Ss.R., *Novena e orações a São Geraldo Majela*, Ed. Santuário, 1993.

Braz Delfino VIEIRA, *São Geraldo Majela*, Ed. Santuário, 1993.

Vicente André de OLIVEIRA, C.Ss.R. *Novena a São Geraldo Majela – No ano do Centenário de sua Canonização*, Ed. Santuário, 2004.

Afonso PASCHOTTE, C.Ss.R., *São Geraldo Majela, o Santo do povo*, Ed. Santuário, 2004.

2. Outros

ANÔNIMO, *Neuvaine traditionnelle à Saint Gérard Majella*, Ed. Saint-Anne de Beaupré, Canada, 1996.

Anônimo, *Les Miracles de saint Gérard Majella*, textos e orações, edições beneditinas, 1998.

Samuel Baillargeon, C.Ss.R., *Prières et neuvaine à saint Gérard Majella,* Ed. Saint-Anne de Beaupré, Canada, 1984.

Soror M. Beatriz, O.Ss.R., *Comment Frère Gérard... Saint Gérard Majella*, Ed. Saint-Bernard, 1989.

Louis Becque, C.Ss.R., *Un virtuose du miracle, saint Gérard Majella,* ed. Duculot-Gembloux, 1943.

Claude Benedetti, C.Ss.R., *Vie de saint Gérard Majella*, trad. Mme. Roxard de la Salle, Ed. Delhomme et Briguet, 1894.

André Boitzy, C.Ss.R., *L'Ange des mamans et des berceaux,* Saint-Maurice, Suisse, Ed. Oeuvre de Saint-Augustin, 1957.

Josef Boon, C.Ss.R., *Saint Gérard Majella, frère convers de la Congrégation du Saint Rédempteur*, traduzido do holandês por M.-J. André, C.Ss.R., Ed. Sintal et Résiac, 1978.

Henri Brochet, *Saint Gérard, fou comme son Dieu*, celebração em 5 partes e 14 cenas, Collège apostolique d'Uvrier, em Saint-Léonard (Sion), Suíça, 1949.

Francesco Di Chio, C.Ss.R., *Saint Gérard et as spiritualité, Étincelles de Lumière intérieure,* reflexões sobre as resoluções de São Geraldo Majella, tradução da edição italiana de Materdomini em 1949 por Alfred Lierneux, organização de Beyne-Heusay (texto multiplicado).

Coletivo, *Spiritualité rédemptoriste*, vol. 6, "Les écrits et la spiritualité de saint Gérard Majella" por Giustino d'Addezio, Domenico Capone, Sabatino Majorano, etc., ed. Apôtre du Foyer, Saint-Étienne, 2003.

Innocenzo Colosio, OP, *La spiritualité de saint Gérard Majella, d'après ses lettres et ses écrites,* traduzido por Renée Dutoit, C.SS.R., artigo escrito na revista *Vita cristiana*, de Florença em 1950 (texto multiplicado).

Joseph Coppin, C.Ss.R., *Le bienheureux G Majella*, Desclée de Brouwer, 1893.

George Darlix, C.Ss.R., *Saint Gérard Majella*, apresentação de sua vida em francês e árabe, Ed. Pères rédemptoristes, Líbano, 1998.

Noel Decamp, C.Ss.R., *Un saint populaire, saint Gérard Majella,* Louvain, Saint-Alphonse, 1928.

Félix Delerue, C.Ss.R., *Saint Gérard patron et modèle des preiers communiants,* Le Henaff, 1905.

Jean-Baptiste Dunoyer, C.Ss.R., *Vie de saint Gérard Majella, rédemptoriste,* Ed. Saint-Paul, 1905.

Jean-Baptiste Dunoyer, C.Ss.R., *Vie de saint Gérard Majella, rédemptoriste,* Ed. Apôtre du Foyer - Saint Paul, 1925.

_____, *Neuvaine en l'honneur de saint Gérard Majella,* Ed. Apôtre du Foyer, 2000.

Nicolas Ferrante, C.Ss.R., *Une merveille de sainteté, saint Gérard Majella,* Apostolat des éditions, trad. L. X. Aubin, 1963.

Théophile François, *L'Ange consolateur des familles chrétiennes, saint Gérard Majella,* Ardina, 1938.

Frederic Kuntz, C.Ss.R., *Vie du vénérable Gérard Majella,* Ed. Delhomme et Briguet, 1878.

Pierre Loret, C.Ss.R., *Saint Gérard Majella,* Ed. Rédemptoristes de Dunkerque, 1960.

Marius Pelissier, C.Ss.R., *Saint Gérard, un faiseur de miracles,* Ed. Apôtre du Foyer, 1944.

Théodule Rey-Mermet, C.Ss.R., *Le grand jeu du paint et du sang, Gérard Majella,* Ed. École missionaire Saint-Gérard, Mouscron, Belgique, 1955.

_____, *Saint Gérard, le petit frère qui jouait avec Dieu,* ilustrações de Paulette Genin, Ed. Eise, coleção "Nos amis les saints", Lyon, 1961.

_____, *Saint Gérard Majella,* Ed. Médiaspaul – Ed. Paulines, 1991.

Alphonse-Marie Joseph RITZENTHALER, C.Ss.R., *Un puissant thaumaturge, saint Gérard Majella,* Ed. Simon, 1924.

Mme Roxard de LA SALLE, *Vie abrégée du Bienheureux Gérard Majella,* Ed. Delhomme et Briguet, 1894.

_____ , *Vie du Bienheurex Frère Gérard Majella de la Congrégation du Très Saint Redemteur,* Ed. Delhomme et Briguet, 1904.

Edouard SAINT-OMER, C.Ss.R., *Un Thaumaturge du Bienheureux Gérard Majella. La vie, les vertus, les miracles du Bienheureux Gérard Majella*, Desclée de Brouwer, 1928.

Antônio Maria TANNOIA, C.Ss.R., *Vie du vénérable Frère Gérard Majella,* trad. Victor Dechamps, Lardinois, 1844.

Gérard TREMBLAY, C.Ss.R., *Gérard Majella, un saint toujours populare auprès des mères et des petites gens,* Ed. Revue Saint-Anne, Canadá, 1995.

ÍNDICE

Siglas 6
Introdução 7
Cronologia 13

1. "A criança que me dava pão..." 19
2. "Vamos fazer uma visita a Jesus..." 24
3. "Pregado nesta cruz..." 30
4. "Vou... para ser santo..." 38
5. "Um irmão inútil..." 46
6. "Aqui se faz a vontade de Deus..." 51
7. "Vejo-me cheio de pecados..." 57
8. "Viva nossa santa fé" 63
9. "Seja alegre..." 68
10. "Deixem que eu faço!" 72
11. "Pelos pobres pecadores..." 78
12. "Nunca me defenderei..." 84
13. "Guarde o lenço!" 91
14. "Estou casado com a SS. Virgem!" 96
15. "Morro feliz" 102

Oração final 111
Bibliografia 113